大都會文化
METROPOLITAN CULTURE

大都會文化
METROPOLITAN CULTURE

大都會文化
METROPOLITAN CULTURE

大都會文化
METROPOLITAN CULTURE

Small Change
讓努力
腦袋微整型 獲得
更大收益
Big Difference

前言 一分耕耘可以得到幾分收穫？

俗話說：「一分耕耘，一分收穫。」大多數人都相信只要自己肯努力、肯付出，就一定能夠得到應有的回報。但事實卻並非如此。世界上有很多人，他們付出了大量的時間和精力，甚至到了筋疲力盡的程度，但最後卻仍一無所獲。究其原因，關鍵就在於他們用錯了力！

有些人為生活奔波，從早忙到晚，卻只能勉強維持生活；有些人每天似乎沒做多少事情，卻生活得幸福安逸。是什麼原因造成了他們的不同？其中的區別就在於——前者盲目、迷茫，不知為何而活；而後者則目標清晰，明確地追求著生活的品質。

忙，忙，忙，卻越忙越窮。很多時候，我們用十二分的努力去耕耘，但最後落得個一無所有。反省一下吧！為什麼自己一直勤勞著卻不富有？為什麼自己一直努力著卻不成功？

有些人做起事來殫精竭慮，什麼事情都攬到了自己身上；雖然工作是做了不少，但卻始終默默無聞，得不到老闆的青睞，這是為什麼呢？

因為數量並不代表品質，更不能體現價值。做，就要優先做好最有價值的事情，如此才能輕輕鬆鬆達成任務，也才能得到老闆的賞識。不論是事業、還是生活，我們都不能否認「只有付出才能有所回報」。但，付出，要用最有效的方式；努力，要找出最有利的方向。唯此，才能讓努力發揮出最大價值。

本書從多個面向，深入淺出地挖掘「窮忙」處境的根源所在，告訴你如何花對精力、如何用最小的努力獲得最大的收穫。

所以，動起來吧！拆掉腦子裡的圍牆，找對施力點，讓自己的努力獲得更大收益！

CHAPTER 1

你是個窮忙族嗎？努力到底都跑到哪裡去了

CHAPTER 2

拆掉腦袋裡的牆，別讓壞習慣擋了你的路

CHAPTER 3 少做些工作，多做些思考

CHAPTER 4

要嗎做要嗎走，不要一邊抱怨一邊做事

CHAPTER 5

避開那些吃力不討好的陷阱

CHAPTER 6 學會找幫手，不要把所有事都自己一肩扛

1
Chapter

你是個窮忙族嗎？努力到底都跑到哪裡去了

翻開最近的新聞報導與雜誌民調，
一項項殘酷而明確的消息都指出了一個令人無法忽視的事實——
台灣的年輕人們都成了「窮忙族」！
「加班是常態；加薪是變態。」
這些自我安慰的話，你還打算相信多久？
好好地重新思考吧！你的努力，到底都花到了什麼事情上呢？

為什麼有的人越忙越窮

現代人見面，多半會問：「最近工作怎麼樣？」答案往往驚人的一致：「忙啊！」大多數人一年到頭忙忙碌碌，時刻為生活操心。

從早到晚，在城市的大街小巷裡到處都是行色匆匆的上班族。他們滿臉倦容地不斷加班，犧牲了休息時間卻總也得不到加薪；辛苦半天不但買不起房子，甚至還要擔憂未來養老的問題。這種人就是「窮忙族」，超長工時卻入不敷出。

白毓芬，是一個在台北信義區外商公司上班的社會新鮮人，表面上光鮮亮麗，但事實上卻是個徹頭徹尾的「窮忙族」。她在公司擔任客服部門經理，常常忙得暈頭轉向。當朋友問她為什麼總是這麼忙，她卻只能無奈地說：「我要是知道為什麼，我就不會這麼忙了。」

一早，毓芬剛進公司，櫃檯人員就告訴她：有客戶抱怨，等了一晚上都沒收到電子郵件的回覆。一查信箱，才發現原來是信件太大被退了回來。毓芬趕緊把信件分批再重新發了出去，並馬上向客戶道歉。

緊接著，執行部門的同事又問她，為什麼客戶說活動場地佈置不符合要求？毓芬原以為客戶會與執行部門的人直接溝通，哪想到事情卻不是如此發展；於是她只好再跟客戶解釋，並馬上作出補救。

兩件事一處理完，時間就快到中午了。而這時候企劃部的同事卻又告訴她，明天就是某個提案的截止日了，而她提供的資料卻還不夠完整。於是，她只好又餓著肚子準備資料。

這樣緊張忙碌的工作幾乎已經成了常態，讓毓芬覺得天天都像在打仗。

而由於工作的關係，毓芬經常要會見客戶。為了穿得體面一點讓客戶留下好印象，她不得不在打扮上份外用心，為此甚至多支出一大筆費用；因此她不但賺不了多少錢，反而還得要向別人借錢。每次一想起自己的「窮忙」，毓芬就憂心不已。

「窮忙族」如今已然萌發茁壯，越來越多的人都被網羅其中。

在古希臘的神話中，也有一個出名的「窮忙族」——薛西弗斯。他因為惹惱了宙斯而受到嚴厲的懲罰，必須週而復始地將一塊巨石推到山上。每當他費盡九牛二虎之力，把那塊巨石推到山頂時，石頭又將滾落下來，於是他不得不重新往上推。如此不斷地循環著，永無解脫之日。

「窮忙族」不正是一個典型的薛西弗斯嗎！

如果你知道自己是個「窮忙族」，那麼就趕快想辦法澈底擺脫現在的狀態吧。下面幾個簡單的問題，可以幫助你測試一下自己是不是「窮忙族」：

①一天工作超過九小時，但看不到前途。

②一年內未曾加薪，三年間未曾升職。

③薪水很低，積蓄很少，無力置產。

④越忙越窮，越窮越摳。

⑤老是計畫幹一番事業，但總有忙不完的事。

⑥白天工作，晚上回家依然工作。

⑦收入雖不低，卻沒有什麼結餘，內心缺乏安全感。

如果你符合其中三項或者更多，你就已經加入「窮忙」一族。而「窮忙」的危害也是有目共睹，會帶來失眠多夢、記憶力減退、注意力渙散、工作效率下降等問題。

「窮忙」的根本原因就在於缺乏科學性的規劃，不管是職業規劃還是財富規劃，抑或是理想規劃，不管什麼，都應該要有詳細的目標和階段性的計畫。那些越忙越窮的人，始終不知道自己應該做什麼、不清楚為了什麼而做。他們整天忙碌於每個細節和每件小事，結果當然是白費力氣。

每天浪費了多少功夫？

有的人一天工作八小時，可以完成八小時甚至更多的工作；而有的人擁有同樣的時間，卻只能完成別人四小時的工作量。當然，後者未必就是偷懶，關鍵在於他不懂得方法，因此工作效率低下。

一家公司，如果所有的員工都顯得非常忙碌，就會給人這家公司充滿效率的錯覺。然而，是不是所有的人做的事情都是有效率的呢？如果花費了同樣的時間卻只完成了一半的工作，這種忙碌沒有任何意義。忙碌和效率並不是一個相等的概念，忙碌不等於效率。

趙志昌和陳宇柏是同一所學校畢業，所學相同，能力也相差無幾。兩人進入了同一家公司，最初的工作都是核對文件。

兩人工作起來相當賣力，每天一進公司就一直忙到下班。主管看在眼裡，對兩人都非常滿意，經常誇獎他們有上進心。到了月底，公司要發獎金，主管有意鼓勵一下新人，便幫志昌和宇柏都申請了。

因為兩人的忙碌是有目共睹，同事們也都非常清楚，於是獎金的申請很快就被核准了。但是，志昌卻發現：宇柏拿到了一千，而自己只有五百。為此他非常困惑，自己也沒有偷懶啊？

帶著疑問，志昌找到了主管。主管笑了笑，說：「其實，原因很簡單，雖然公司的文件都是你們兩個人處理的，但三分之二是宇柏完成的，你只完成了三分之一。雖然你倆都在忙，但你的效率沒有他高啊。」志昌恍然大悟，原來自己浪費了太多的功夫，效率沒別人高，難怪宇柏的獎金比自己多一倍。

即便有精力去忙碌，也不要任意揮霍，而應該把它們用在正確的地方，讓努力發揮實質功效。那些聰明人清楚應該先做什麼，再做什麼。他們不會把大量時間和精力都白費在無意義的事情上，以免吃力不討好。

一名員工，每個月創造的價值是五萬元，公司付給他的薪資是兩萬五千元；而另一名員工，每個月創造的價值是三萬元，公司付給他的薪資也是兩萬五千元。那麼，在公司需要裁員的時候，選擇誰去誰留不就可想而知。這就是效率的區別。

一般來說，同樣的職位，最初的薪水都是大同小異。但有些員工效率高，有些員工效率低，企業自然會慢慢地偏好那些效率高的員工，因為他們在同樣的工作時間裡創造出更大的價值。一旦有什麼福利、升遷的機會，都會優先考慮效率高的員工。

別再抱持著「反正大家做的都差不多」的心態了。即便是同樣的工作，老闆也會優先選擇那些做出實效的員工。所以說，在做事之前，最好先考慮一下自己做的事情到底是不是白費功夫。

傑克．威爾許接手通用電氣的時候，公司員工很多，大家都很忙碌，但是公司的情況卻很糟糕。於是，他所做的第一件事情就是裁員兩萬人，公司股票立刻應聲上漲；半年過後，公司股票再次疲軟，他經過效率評估後馬上又裁掉兩萬人，而股票也再度回升。其實，裁員正是因為他合理評估了每個員工的價值和效率，留下了價值大、效率高的員工，淘汰了價值小、效率低的員工，才促使企業重新煥發了生機和活力。

不管從事什麼工作，不要因為忙碌而去忙碌。忙碌不會給你帶來效率，反而會讓你把時間白白浪費。只有掌握好輕重緩急，避免做白工，這樣的忙碌才有意義，這樣的工作才有效率。

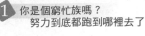

急事緩辦，別耽誤要事

在很多人眼裡，需要做的事情似乎都是急事。於是，他們趕著去做那些急迫的事情，整天忙得團團轉，結果卻耽誤了最重要的事情。這實在是得不償失。一般來說，上級交待的事情最是緊要，應該優先處理。要知道，這類的「要」事其實才是最緊「急」的事情。

不過，大多數人習慣於處理各類急事，卻偏偏耽誤了要事。有研究指出，大部分的人們往往是依據下列邏輯決定做事的順序：

①先做喜歡的事，再做不喜歡的事。
②先做熟悉的事，再做不熟悉的事。
③先做容易的事，再做困難的事。
④先做花費時間少的事，再做花費時間多的事。

⑤先處理資料齊全的事，再處理資料不齊全的事。
⑥先做已排定時間的事，再做未經排定時間的事。
⑦先做經過籌畫的事，再做未經籌畫的事。
⑧先幫別人做事，再給自己做事。
⑨先做急迫的事，再做不急迫的事。
⑩先做與自己相關的人所拜託的事，再做與自己沒有關係的人所拜託的事。

很顯然，如果按照這些準則來做事，都不符合高效工作的要求。這會讓你花費大量的時間和精力，卻耽誤了關鍵的要事。

舉凡效率低的人，總是把80％的時間和精力都花在急事上。他們照日常的習慣，按照事情的緩急程度來決定做事的順序，而很少權衡事情的重要程度。於是，這些急事總是讓他們處在忙碌之中。

事情往往分為三個層次：今天「必須」做的事；今天「應該」做的事；今天「可以」做的事。而我們往往都陷在每天的工作任務中，只顧著處理心中最緊急的事情，最後卻很容易就疏忽了那些最重要的事情。也就是說，如果只心急的想處理好自己手頭的任務，其結果往往會不如預期；而被耽誤的要事卻將造成不小的損失。

王鈺萍在一家公司當總經理秘書，這是一個令人羡慕的職位。但她卻是有苦說不出。總經理非常信任她，這是好事，但也因此給她帶來更多的工作。

不管是總經理，還是其他部門，總是有很多事情需要鈺萍去處理，讓她常常忙得不可開交。為了不耽誤事情，鈺萍每天下班之後都會對第二天的工作進行安排。比如，上午要給哪個部門遞送文件，中午要和哪位客戶聯繫，下午必須完成哪些工作。

她一直覺得自己的方法不錯，總是能夠及時完成任務。不過有一次，總經理上午臨時外出，交代她中午會有一位重要客戶過來，如總經理趕不回來，就要她好好招待一下。

鈺萍聽完總經理的交代，便開始忙起了自己的工作，一切依照前一天的安排開始執行。直到中午時，她才記起總經理交代的重要任務。一問櫃檯人員，才知道客戶已經等了一個小時，早就回去了。雖然公司並未失去這位客戶，但鈺萍還是遭到了總經理的嚴厲責難。

很多時候，要事往往是突發性的，事先並未進行安排。如果你只顧著處理手頭上的急事，而忽略了要事，就會造成重大的損失。商業鉅子羅斯・佩羅說：「凡是優秀的、值得稱道的東西，每時每刻都要用在刀刃上。只有不斷努力，才能保持刀刃的鋒利。」

把注意力轉移到要事上面，可能會影響做事的進度，但不會影響你的效率。要知道，處理好這些要事，往往能帶來更大的回報。從價值的角度來說，你所做的工作價值越高，你的工作效率就越高。所以，將要事放在優先位置，遠比忙於急事更有意義。

別被瑣事糾纏，時間要用來做大事

無論在工作中，還是在生活中，很多人都被各種瑣事折磨得筋疲力盡、心煩意亂，總是不能靜下心來去做真正應該處理的重要事項；結果花費了時間，反而工作效率不高。你把時間都花在瑣事上了，哪還有時間做大事呢？

在現實生活中，成功者大多深知「太專注於瑣事會變得對大事無能」，很清楚「抓住大事，瑣事自會迎刃而解」的道理。所以，聰明的人大多具備無視「瑣事」的能力。你要做好工作，大多數瑣事都可以忽略。否則，你就會忙碌不堪，疲憊至極。

美國杜邦公司具有輝煌的歷史，發展到第三代時卻開始沒落。掌門人尤金·杜邦掌管杜邦公司之後，堅持實行一種「一把抓」的經營管理模式，公司的所有主要決策和許多細微決策都要由他親自制定；所有開支，哪怕是十美元，也必須由他親自審核。就連客戶的感謝信與合作廠商的信函，他都親自拆信回覆。

尤金的管理方式，使杜邦公司的組織結構完全失去彈性，很多問題無法及時解決，重要文件長時間得不到尤金的批閱。杜邦公司難以適應市場的變化，連遭致命打擊，瀕臨倒閉。尤金本人也陷入公司錯綜複雜的矛盾之中，於一九〇二年因體力透支而去世。

一個人對瑣事的興趣越大，對大事的興趣就會越小；許多人整天忙著處理瑣事，其潛意識就是在逃避做大事。道理很簡單，做大事需要付出更多的時間和精力。在瑣事中掙扎的人，永遠是那些能力不足的人。

一名普通職員，只有當他做出那些與自己工作相關、能夠引起上級注意的大事時，他才能得到青睞和賞識，也才會有升職和加薪的機會；但如果他整日忙於瑣事，又哪來做大事的機會呢？

如果換做是企業老闆，那他就更應當把大部分時間花在企業的遠景規劃和經營方向這些大事上面。假如一個老闆整天游走在各個部門，關注一些無足輕重的瑣事、雜事，對工作又有什麼價值呢？

一家公司的老闆，把自己的兒子放到了公司裡頭去鍛煉，並且囑咐兒子一定要保守這個秘密，因為他想看看兒子真正的實力。令老闆欣慰的是，兒子果然沒有讓他失望，不僅憑藉自己的本事在公司闖蕩，並且非常努力。

年底了，老闆有意讓兒子晉升，便決定提拔兒子所在部門的主管，好讓兒子頂上主管的空缺。於是老闆就讓那位主管推薦一個有潛力、很努力的年輕人來接替他的職位；而那位主管不明就裡，思考一番之後，卻舉薦了另一個年輕人。

老闆忍不住問道：「我聽說今年進入公司的一名年輕人非常努力，他和你推薦的人相比怎麼樣？」那主管想了一會兒說：「他確實很努力，但他總把時間花在那些小事上面。雖然忙得不可開交，但還不成氣候，重要工作反都讓別人做了。」

不可否認的，這是一個任務化的世界，每天都會有數不清的龐雜事務擺在你的面前。即便如此，你仍然可以選擇用最好的方式去處理它們。要知道，當你浪費時間在處理瑣事上，就代表你離完成大事並獲得青睞越來越遙遠。只有追求高價值，你才能獲得高效益。

當然，各種各樣的瑣事始終是存在的。關鍵是在你做大事的時候，不要被瑣事糾纏，也不要忘了那些瑣事。只有以大事為重、小事為輔，才能事半功倍，甚至給你帶來意想不到的驚喜。

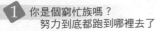

別像沒頭蒼蠅越忙越亂

要想把繁多的事情做得漂亮，就必須養成有條不紊的做事習慣。否則，就只能像沒頭蒼蠅一樣亂闖，越做越忙、越忙越亂。要想把事情管理得井井有條，就必須分清事情的輕重緩急，並根據需要及時調整自己的時間和方向。此外，還要學會統籌安排。

有一頭豬很懶，平時什麼事也不做，整天在家裡悠閒地曬太陽。有一天，牠以前的玩伴牛突然來訪。豬非常高興，連忙將牛請進來，然後忙著給牛泡茶。不過，豬平時懶散慣了，不知道茶杯、茶葉放在哪裡。於是，豬翻箱倒櫃地找，好不容易找到一隻落滿灰塵的茶杯；接著，又費了九牛二虎之力才找到茶葉。當牠正準備開始泡茶，卻又發現壺裡的開水早已用完。於是，等牠燒好開水，牛早就不耐煩地離開了。

泡茶有很多種順序，比如說：找茶葉，洗茶杯，燒開水等等。但如果泡茶的時候沒個頭緒，就只能又忙又亂，怠慢客人。如果能定好次序，先燒開水，接著洗杯子、裝茶葉，然後泡茶，就能節省很多時間。一件簡單的事情如果都做得手忙腳亂，複雜的工作豈不會更加亂七八糟？

教育學者曾做過這麼一個研究：就學習一門功課來說，一個學生每天堅持學習兩個小時，另一個學生則完全憑興趣來決定是否學習、如何學習；結果顯示，前者的學習效果遠遠超過後者。同樣的道理，只要做起事來有條不紊，系統地安排好所有的事情，就能最大限度地節省體力和腦力。否則，就會無端消耗大量的精力和時間。

生活中有兩種人。第一種是大忙人。不管你在什麼時候碰見他，他都是忙碌不堪的樣子。這樣的人，如果是一個普通職員，工作必定平平常常。如果是一位公司老闆，公司效益也往往不會盡如人意。究其原因，就是他們的工作缺乏條理。由於主次不分，效果自然不會理想。

第二種是大閒人。每次碰見他，他總是很悠閒，好像他並沒有多少事要做。其實，他是胸有成竹，主次分明，知道什麼時候該忙什麼事情。在工作的時候，各類資料都擺放得有條不紊，各種事情都安排得恰到好處，既讓自己輕鬆，又完成了業績。

美國成功學家卡內基經常指導一些企業家。有一次，一位整日被無窮無盡的工作弄得心煩意亂的公司經理前來求助，當他看到卡內基簡潔的辦公桌時，非常驚訝：「卡內基先生，你沒處理的信件放在哪兒呢？」

卡內基說：「我所有的信件都處理完了。」經理接著問道：「那你今天還沒處理的事情又準備什麼時候做？」卡內基說：「我所有的事情都處理完了。原因很簡單，我知道需要處理的事情很多，但我的精力有限，一次只能處理一件事情。於是，我就按照需要處理的事情的重要性，列出一個順序表，然後逐一處理。」

公司經理恍然大悟道：「噢，我明白了！謝謝你，卡內基先生。」

幾週以後，這位公司經理感激地對卡內基說：「感謝你教給了我處理事務的方法。過去，我要處理的檔堆得和小山一樣，我都不知道從何做起。用了你說的法子以後，情況好多了。」

一個做事井井有條的人和一個整天忙忙碌碌的人，前者總是事半功倍，而後者總是事倍功半。很多人為了節省時間，疏於管理自己要做的事情，以致弄得亂七八糟；心煩意亂不說，還白白浪費大量的時間。

其實，花費一點時間提前整理一番，看似比較費事，其實是「磨刀不誤砍柴工」，做起事來就能勢如破竹，一氣呵成。成功學大師博恩．崔西在其《簡單管理》一書中寫道：「我讚美澈底和有條理的工作方式。一旦在某些事情上投下了心血，就可減少重複，這樣就能夠大大提高工作效率。」

忙碌是為了一口飯還是一個世界？

很多人在生活中忙忙碌碌，從沒有停歇的時候。他們就好比蒙著眼睛，繞著磨盤日夜忙碌的驢子，只能一直在原地打轉。忙碌之後，你再問他達到了什麼目標，他們卻十分茫然。他們並不是時間比別人少，而是始終盲目地忙，忙來忙去卻達不到真正的目標。

有一頭驢子和一匹馬是好朋友，驢子在屋裡推磨，馬在外面奔波送貨。後來，這匹馬幸運地成為玄奘大師的坐騎，與大師一起前往印度取經。十幾年後，這匹馬馱著佛經，回到了長安。

這匹馬前去探望驢子，並談起這次旅途的經歷：「你知道嗎？我經歷了浩瀚無邊的沙漠、高入雲霄的蔥嶺、凌山的冰雪、熱海的波瀾，那簡直是神話般的境界……」

驢子聽了大為驚奇，它既羨慕馬的經歷，又感歎道：「你的經歷多麼豐富呀！那些遙遠的道路，我連想都不敢想！」

這時，馬笑了笑說：「其實，我們走過的路程是相等的。當我向西域前進的時候，你同樣一步也沒有停止過。我們唯一的不同就是，我與玄奘大師都有一個遙遠卻明確的目標，也始終按照一定的方向前進，最終我們打開了廣闊的世界。而你因為被蒙住了眼睛，只繞著磨盤盲目地原地打轉，於是最終也無法逃出狹隘的天地。」

惠子在《韓非子》中說過這樣一段話：神箭手后羿引弓時，即便是最怕死的越國人也會來爭著給他舉靶子；而當一個孩子拉弓射箭時，就是最愛他的母親也會躲進屋裡關上窗戶——這個故事說明了什麼道理呢？如果你的目標明確可期，那麼天助自助，人人都樂於助你達成目標；但如果你連個方向都搞不清楚，那麼就連最愛你的母親也無法為你帶來成功。射箭時一定要對準一個靶子，工作時一定要確定一個目標。

哈佛大學曾對一群智力、學歷、環境等客觀條件都差不多的年輕人作過一個長達二十五年的追蹤調查，調查內容為「目標對人生的影響」。在這其中27%的人，沒有目標；60%的人，目標模糊；10%的人，有清晰但比較短期的目標；3%的人，有清晰且長期的目標。

二十五年後，這些調查對象的生活狀況如下：

3%有清晰且長遠目標的人，二十五年來都不曾更改過自己的人生目標，並為實現目標做著不懈的努力。二十五年後，他們都成了社會各界頂尖的成功人士，其中不乏白手創業者、行業領袖、社會精英等。

10%有清晰短期目標者，大多生活在社會的中上層。他們的共同特徵是：不斷地實現短期目標，生活雖然忙碌，但生活水準卻穩定成長，成為各行各業不可或缺的專業人士，如醫生、律師、工程師、高級主管等。

60%目標模糊的人，生活在社會的中下層，能安穩地工作與生活，但非常忙碌，而且往往沒有什麼特別的成績和值得令人稱羨的地方。

27%沒有目標的人，他們都生活在社會的最底層，生活狀況惡劣，經常處於失業狀態，依靠社會救濟。

你必須明確自己現在要做哪些工作，為什麼要做這些工作，而不是盲目地為了工作而工作。有些事情需要立即去辦，有些事情可以稍後再辦；而你，不可能兼顧所有的目標。所以，選擇目標是一件非常重要的事情。忙碌，一定要有目標；否則，忙碌的你就如同拉磨的驢子，付出了許多，回報卻往往只能混口飯吃。

事實證明，沒有目標，就不可能有切實的行動，更不可能獲得理想的結果。試想，一隻沒有獵物的雄鷹又能翱翔多遠、多久？只有確立目標，才能減少干擾，全力以赴，為到達目的而不懈努力。

《富比士》世界富豪排行榜中，日籍韓裔富豪孫正義從小就夢想做一個大富豪，但他從不盲目地努力工作。在十九歲的時候，他就作了一個五十年的生涯規劃：

二十多歲時，他要讓自己投身的行業知曉自己的存在；三十多歲時，要有一億美元的種子資金，足夠做一件大事情；四十多歲時，要選一個非常重要的行業，並在這個行業中取得第一，公司擁有十億美元以上的資產用於投資，整個集團擁有一千家以上的分公司；五十多歲時，完成自己的事業，公司營業額超過一百億美元；六十多歲時，把事業傳給下一代，自己回歸家庭，頤養天年。

現在看來，孫正義正在逐步實現著他的計畫。從一文不名的小職員到聞名世界的大富豪，孫正義只用了短短的十幾年。如果只是靠著埋頭苦幹、靠著命運的安排，顯然是無法走到如此境遇的。

那些整日忙碌的人，只想求個溫飽，把時間都花在做小事、賺小錢上面；而那些致富的人，卻總是想著賺大錢，把眼光放在可能出現的機遇上，於是最後才能取得非凡的成就。毫不誇張地說，窮人就好比拉磨的驢，而富人就好比取經的馬。

沒有目標的人，遇事就忙，最後只會讓自己忙昏了頭；而把那些緊急、重要的事情都疏忽了，更因此失去許多發展的機會。所以，不管做什麼，都要有明確而清晰的目標，然後再不懈地去努力。否則，你就是蒙著眼的驢，永遠在原地踏步，終將一事無成。

方向不對，只會越走越遠

十九世紀，義大利經濟學家帕雷托曾經提出一個80／20法則，意思是說，80%的價值往往來自於20%的大事，而這20%的大事應該花費你80%的時間去處理。簡單來說，就是要確定一個大致的方向，集中力量處理好那些具有主要效益的大事，這樣一來才能事半功倍；至於那些無足輕重的小事，如果你有時間和精力就酌情解決，如果沒有就要學會避開。

不管是工作還是做事，如果方向不對，老盯著那些雞毛蒜皮的問題，就只會白白耽誤了時間。如果能抓住重點，一層一層地進行，一件一件地處理，就能得到最好的效果。只要完成了主要的80%，即便失去了剩下的20%，也不會有多大損失；但如果是疏忽了主要的80%，那將不只做了白工而已，通常還可能帶來難以估量的損失。

一早，李輝耀在上班途中就開始設想進了辦公室要做些什麼：上午，他需要完成一份年度的部門預算草擬，因為下午上司要用。於是，九點鐘他準時走進辦公室，開始著手準備草擬計畫。但這時，他覺得辦公室有點亂想先整理一下，以便在進行重要的工作之前為自己提供一個舒適的環境。

於是，他花了三十分鐘的時間，將辦公環境變得乾淨整潔；心滿意足後，便打算休息片刻再開始工作。而正當他準備充足準備開工的時候，一位顧客卻在這時候打電話來投訴，花了足足二十分鐘的時間，他才讓對方平息怒氣，然後他又得去產品部門處理這件事。

將客戶投訴的問題進行查核後，他又抽查了一下待出廠的產品，接著才回到辦公室。回來後，他滿以為可以開始「正式工作」了，一看手錶，距離部門例會的時間居然只剩下十五分鐘！於是他只好將草擬預算的工作留到下午。但在例會上，上司卻順口問到草擬預算的完成進度，輝耀這時也只好支支吾吾的說上午很忙，被耽誤了。結果，上司嚴厲地訓斥了他一頓。

抓住方向後，就如同有了大樹的主幹，隨後的工作就是把旁枝加上去。這樣一來，就能減輕不少壓力，提高不少效率。有了工作方向，就要堅持下去，逐步完成。否則，被其他瑣事影響，白白浪費寶貴的時間，卻沒有一點收穫。

在一天的工作時間中，要把握住精力最旺盛的時候，抓住重點問題，確實完成。如果你能集中精力去做，花一個小時，能夠比斷斷續續的拖延兩個小時來得有效率。所以，儘量避開小事、瑣事，先完成主要工作，才是最佳選擇。做事情，要掌握方向脈絡。如果不分輕重，就有可能把時間都花費在無關緊要的小事上，結果本末倒置。

在通常情況下，可以運用ＡＢＣ分析法來給工作分類：一天裡最重要的事情，可能只占極少數，稱之為Ａ級任務；次等重要的任務也不多，稱之為Ｂ級任務；而其他不重要的任務往往卻占了最大的部分，也就是Ｃ級任務。顯而易見，工作的正確順序應該是從Ａ級任務開始，然後才是Ｂ級任務，最後才是Ｃ級任務。因為少數的Ａ級任務往往成就了大部分的工作成果。

為了求得工作效率的最大化，我們要把工作按照事情的重要性排列出來。到了處理的時候，就要先去做較重要的事情。否則，沒有方向、盲目工作，把時間都用在次要的事情上，卻反而漏掉了重要的事情，這無疑是最大的失敗。

那些碌碌無為的人往往把那些容易的事情放在最前面；而優秀人士則把那些最重要的、最能帶來價值的事情放在前面。這就是他們工作方向上的區別。工作方向不同，工作方法迥異，工作效率、工作收穫自然大相逕庭。這個道理其實淺顯易懂。

2
Chapter

拆掉腦袋裡的牆，別讓壞習慣擋了你的路

人們總是容易陷於當下的情況而不自覺地重演著相似的錯誤，
卻還無法自拔地抱怨著為何老天爺如此不公。
或許，老天爺的確是不公平的，因為他沒有賜予你一顆腦袋，
一顆懂得重新反省自己的腦袋。
別讓那些習以為常的壞習慣成為你人生道路的阻礙。
穩定、完美、絕對正確、堅持，這些通通都是錯的！
醒醒吧，只有當你意識到自己的錯誤，你才有重新開始的機會。

安全感是一種慢性病

多數人都不喜歡太大的變化，甚至會因為週圍環境的變化而產生恐懼，不斷地想要尋求安全感的庇護。所以，他們習慣於維持現狀，喜歡擁有安全的感覺。但是，環境不可能一成不變；尤其在這個競爭激烈的社會裡，若過度沉溺於安全感，那麼就會喪失可貴的進取心，變得懶散起來。而一旦失去適應能力，哪怕一點風吹雨打也會讓你無法承受。

沉溺於安全感，會蠶食你的積極性、蠶食你工作的熱情，讓人變得懶散、平庸。我們往往以為目前的狀況已經能夠讓自己滿足，但那其實是自欺欺人。那些死守習慣，不願脫離安全感的人始終是狹隘的，他們無法破除現狀所帶來的束縛。

華人首富李嘉誠是一個非常自我警惕的人，從來不會被表面的安全感所迷惑。他深知時代在不斷發展，社會瞬息萬變，不論何時都不能被成功所迷惑，不能沉溺於安全感之中。所以，他總是把時間花在思考未來；正因為如此，他總是能得到比別人更大的收穫。

李嘉誠在經營塑膠工廠的時候，生意蒸蒸日上，工廠通宵達旦地生產，營業額呈幾何級數增長。銀行不斷放寬對他的貸款限額，原料商許可他賒購原料，客戶也派送大筆訂單給他。

春風得意的李嘉誠卻沒有因此而安於現狀，他開始思考另外一個問題：香港的塑膠玩具工廠已有三百多家，產品大同小異。長此以往，塑膠玩具工廠遲早會面臨被淘汰的風險，必須尋求新的出路。於是，他將眼光轉向國際市場。他發現塑膠花是塑膠產業裡一個新興市場，在香港也還沒人生產。

於是，李嘉誠成為香港第一個生產塑膠花的人。這讓他的塑膠事業達到了巔峰。但他知道，香港很快就會出現更多的塑膠花生產企業，要想成為塑膠花產業的「龍頭」，就必須擴大塑膠工廠的規模。於是，他開始募集資金，增加生產規模。

就在塑膠產業走向巔峰之時，睿智的李嘉誠又一次意識到危機的到來。隨著人們思想的轉變，親近大自然已經成為現代人的主流觀念，塑膠花終將被淘汰出局。

於是，他慢慢地淡出塑膠產業，將資金回籠，轉而投入房地產行業，於是再創事業高峰，奠定了現今華人首富的不搖地位。

很多人一看到眼前的形勢一片大好，就沉溺於安全感，不再尋求其他突破的機會。要知道，任何一個金礦都有採完的時候，並不是守著一個金礦就能高枕無憂。只有打破安全感，積極尋求新的突破，你才能有更大的收穫。安於現狀，甘於平庸，你就遲早會被社會淘汰。

孔子道：「危者，安其位者也；亡者，保其存者也；亂者，有其治者也。是故，君子安而不忘危，存而不忘亡，治而不忘亂；是以身安而國家可保也。」意思是說，凡是遭遇危險的，都是因為他逸樂安享；凡是滅亡的，都是他自以為可以長久；凡是混亂的，都是自以為秩序良好。同樣的道理，你越認為安全，其實往往都是最不可靠、最不安全的。

大凡碌碌無為或者死於競爭的人，往往是那些充滿安全感的人。在他們眼裡，不知危險為何物，機械般地重複著自己的工作。等到他們清醒過來，才發現週圍的一切已經發生了變化，自己已經跟不上時代的腳步。

想要獲得更大的收穫，就不能貪圖安全感，安全之時不忘危險，生存之時不忘滅亡，時刻保持足夠的警惕。這樣一來，我們就能比別人發現更多機會，比別人看清更多危險，始終走在他人前面，獲得最大收穫。

做自己的一百分

大多數的人通常會過於專注自己的短處，總是習慣將大量的時間耗費在彌補自己的短處上，但結果卻多半是讓人失望的。其實，與其費時費力，又給自己帶來諸多痛苦，還不如將精力集中在發揮自己獨特的天賦上。成功是由什麼決定的？毫無疑問，是由長處決定的。

俗話說：「金無足赤，人無完人。」任何人都會有一些長處，也會有一些短處。要想彌補所有的短處，只能是白費心機。成功的人善於開發和利用自己的天賦，忽略那些無足輕重的短處。或許這些短處可能成為成功路上的障礙，但只要盡可能地善用長處去彌補它們，這樣便能省時省力，既發揮優勢、又彌補劣勢，自然就能得到最大的收穫。

曾翰書和其他年輕人一樣雄心勃勃，進入公司後，他就夢想著有一天能夠晉升管理階層。翰書的交際能力很強，善於和客戶打交道。經過一番努力，加上能力出眾，他順利地晉升為中層主管。不過，當他成為一名管理者時，他才發現自己其實非常不善於帶領下屬工作。也就是說，他其實並不適合做一個管理者。

發現這個問題後，翰書閱讀了很多管理方面的書籍，花費了大量時間，但收效甚微。有一天，總經理告訴翰書，上級覺得他或許並不適合現在的部門，準備將他調到另一個部門去擔任主管。但是，翰書則乾脆地拒絕了：「我很努力地學習管理知識，但我發現這並不是我擅長的。因此，我還是希望從事我先前的工作。」就這樣，翰書回到了曾經的職位上，而工作業績也反映出他的天份，其績效是別人的好幾倍。

專注於你的特長，成功便可能隨之而至。否則，把時間花費在你的短處上，你就是在玩一場輸定了的遊戲。一個人只有在從事自己最擅長的事情時，才能發揮出最大的潛能，取得最高的成就和最大的收穫。

聰明的人總是會想辦法利用自己的長處和天賦，而不是被短處弄得焦頭爛額。

首先，請學著去忽略那些對你無足輕重的短處。很多人心中都存在著一個思維邏輯的謬誤——在成功之前一定要先更正自己的短處。其實，並不是所有的短處都會對你目前所做的事情形成阻礙；而且即使這些短處真的對你形成了阻礙，你也應該是盡可能地利用長處去克服。有時候，成功就是以己之長，克敵之短。只要我們專注自己的長處，專注對方的短處，就能發揮最佳的力量，得到最大的收穫；相反地，專注自己的短處只會讓你白費功夫，阻礙了你的發揮。

其次，不斷地去磨練自己的長處。長處是一種優勢，但它卻並不能保證你能達成目標。即使你在某一方面出類拔萃，你還必須全身心地投入其中，才能取得最大的成就。要抓住機會，讓自己的長處能更好地發揮價值。同時，你還要不停地強化它，讓它為你保持一種優勢地位。

最後，尋找互補的夥伴。與其花時間在彌補短處上面，不如尋找互補的夥伴；不用太在意你的短處，因為你完全可以做自己擅長做的，不擅長的則可以借助別人的力量。這樣一來，任何事情都能迎刃而解。

裘利・路易斯曾是一個名不見經傳的年輕喜劇演員。在俱樂部表演時，並不特別受到觀眾歡迎。其實，並不是他表演得不好，而是他的搭檔並不適合他。

一天，他的搭檔生病了，路易斯就向老闆推薦一位名叫狄恩．馬丁的朋友臨時代打。想不到結果卻是令人大感意外，一連幾天下來，他們的演出大受歡迎；究其原因，或許是由於他們有朋友的默契，非常清楚對方在哪些方面不擅長，因此總能及時幫對方彌補。一九四九年，路易斯和馬丁共同主演的電影《艾爾瑪吾友》（My Friend Irma）一炮而紅。從此，裘利．路易斯和狄恩．馬丁成為電影史上最成功的喜劇組合之一。

成功是發揮長處而非彌補短處，把主要精力放在自己擅長的事情上。如果遇到自己不擅長的事情，我們完全可以尋求別人的幫助。這樣不但能節約時間，效果也比親自處理更好。

有些人比別人優秀，比別人成功，就是因為他們具有別人所不具備的優勢，這就是他們的長處。但是，沒有一個人是完美的，難道他們就沒有缺點嗎？他們只是善於利用優勢的光芒將缺點掩蓋或彌補了，因此才能取得更大的成就和收穫。

別奢望有什麼萬全之策

很多人在做事的時候總想找到一個萬全之策，其實那是徒勞的。任何事情都存在著變數，完美主義者是永遠不可能實現自己的目標的。萬全之策只是一個美好的願望，並不存在於現實。如果凡事都要等到有了萬全之策才動手去做，你就註定一事無成。

有些人才智過人，工作能力也很強，又非常勤奮，但就是做不出什麼成果。奇怪的是，那些比他們在各方面都差一些的人，成就卻比他們顯著。這些人之所以不能取得成績，不是他們缺少能力，而是他們在做任何事情之前，都不能克服自己追求萬全之策的衝動。他們想把事情做到盡善盡美，因而始終處於一種等待的狀態中，白白浪費時間。

有一位偉大的雕刻家總是追求完美，夢想著雕刻出最完美的作品。但其實他所完成的雕像已經非常趨近於完美，普通人都難以區分出是真人還是雕像。但即便如此，他仍不滿意，耗費心思，苦思著最完美的辦法。

有一天，死神告訴雕刻家他的死亡時刻即將來臨。雕刻家非常傷心，他還沒有達到自己的完美目標，還不想死。於是他想出了一個好方法：他做了十一個自己的雕像。當死神來敲門時，他就藏在那十一個雕像之間，屏住呼吸。

死神看到了十二個一模一樣的人，簡直無法相信自己的眼睛，只能無奈地離開。死神帶著困惑，去問上帝：「你到底做了什麼？居然會有十二個一模一樣的人，我該帶哪一個回來呢？」

上帝告訴死神一句話，要他在那些雕像面前說這句話，然後祂就一定能找到那個雕刻家。死神半信半疑地再次來到雕刻家的房間，說：「先生，雕像都非常完美，只是還有一點瑕疵。」

這時，追求完美的雕刻家立即跳了出來：「什麼瑕疵？」死神笑著說：「哈哈，我終於抓到你了，這就是瑕疵——你無法忘記你自己。天堂都沒有最完美的東西，更何況人間。走吧，你的死亡時刻已經到了！」

總是尋求萬全之策的人，往往做不成任何一件事情。不是他們不想去做，而是他們在漫長的等待中浪費了寶貴的時間。如果把同一件事交給兩個人，讓他們各自制訂出一個方案，你會發現，追求萬無一失的人會提供十多種可能的方案，分別說明其可行性與利弊得失，但他無法確定哪種方案最好；而普通人則不然，他可能只有一兩種方案，但卻是可以馬上實行的方案。

當你發現即使花更多時間，也不會讓最後的結果有顯著改善時，就不要為這件事擔心了；當你自認為已經做得不錯時，再花更多的時間在上面就是浪費。對大多數事情來說，做好百分之九十五和百分之百，其實根本所差無幾。科幻小說家艾西莫夫就這麼說過：「我不是完美主義者，當我再回頭看自己所寫的書時，一點兒也不會感到遺憾或擔心。」

有一位學者想寫一篇論文。他在嘗試幾種、十幾種乃至幾十種方案之後，才動手寫論文。這花費了他好幾天的時間，好在總算找到一種不錯的方案。但在他開始寫的時候，又發現這種方案依然存在著一些錯誤和缺點。

於是，他就將這種方案重新擱置起來，繼續去尋找「絕對完美」的新方案；但不論如何找，就是找不著，因此他又想：是不是論文題目本身的問題呢？所以他將這一選題又放下，重新去想別的題目。一個星期過去了，學者還是沒有寫出一個字來。在他看來，不管怎麼做，結果都無法讓他完全滿意。

實際上，論文題目和方案都沒有問題，只是他在尋找一些並不存在的東西。這個學者總是不願出現任何一種失誤，擔心因此損害自己的名譽。結果，他的一生都在尋找的煩惱中度過，而卻沒能寫出一篇有價值的論文。

苛求萬無一失，會讓你在做事的時候飽受折磨。很多人都想把事情做到滴水不漏，卻沒有幾個人能夠真正辦到。

你一直在等待著條件完全具備、期待著萬全之策，你奢望將事情做到盡善盡美。可是，你最終會發現，雖然有些人的方案或者條件遠不如你，但他們去做了，於是他們已然得到了成果。

堅持並非唯一的道路

《成功法則》的作者拿破崙．希爾說過：「如果一開始沒成功，再試一次，仍不成功就該放棄，愚蠢的堅持並無益處。」有些時候我們需要堅持，而有些時候又要敢於中途放棄，以避免浪費更多的時間；如果繼續下去只會給自己帶來更大的損失，那就應該「長痛不如短痛」，學會放棄。這其實也是一種智慧。

很多人盲目地堅信「堅持就能勝利」，遇到無法完成的事情也絕不回頭，其結果卻是白白浪費了時間和精力，一無所獲。做事和賭博不同，不要奢望會有什麼奇蹟出現。

小和尚和師傅一起下山，去鎮上購買一些生活用品。去鎮上的路有兩條：一條是遠路，需繞過一座大山，穿過一條小溪，來回要一天的路程；一條是近路，只需沿山路下去，再過一條大河即可。只不過近路的河上，那座年久失修的獨木橋非常危險。

兩人一開始自然走的是近路，畢竟遠路太遠，一天一個來回，費時費力。但當他們來到獨木橋旁時，細心的師傅卻發現橋的前端有一絲斷裂的痕跡。他趕緊拉住小和尚：「這橋恐怕沒法過了，今天我們得回頭繞遠路了。」小和尚也看到了橋的斷痕，但他甚是遲疑：「回頭？過了橋可就是鎮上了，回頭繞遠路那還得走多遠啊？我們還是繼續趕路吧，橋或許還能撐得住。」

師傅見小和尚執意要過橋，便不再言語；但他搶在了小和尚的前面，隨手撿了塊石頭往橋上丟去。「砰」的一聲，腐朽的獨木橋應聲而落，瞬間落入了湍急的河水中。偌大的獨木橋竟經不起師傅手中小石塊的輕輕一敲！小和尚驚得半天說不出話來，暗自為自己的固執而感到羞愧。

遇到困難的時候，不該一味地堅持，要學會適時地放手。問題總會存在著變數，尤其拖得越久，事情就會越難解決。當出現狀況時，不思變通，卻還期待著事情朝好的方向發展，那無異於是異想天開。

但何時應該堅持，何時又該放棄呢？請反問你自己幾個問題：

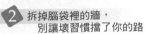

①還能夠取得更多資訊嗎？

做一件事情，資訊是你的一大幫手，它能讓你看到柳暗花明又一村的希望。因此，在你做事遇到障礙時，你要確認自己是否還可以取得更多的資訊。如果斷定自己還能夠得到一些有用的資訊，你就可以嘗試繼續。否則，只能改弦更張。

②可能的收穫是多少？

我們做事的目的是要獲取一定的回報。在你感覺希望渺茫的時候，你要考慮一下自己的堅持是不是值得，你的堅持需要犧牲什麼，而一旦你完成之後又能收穫多少。你需要權衡一下，再決定是不是應該繼續堅持下去。

③是否有無法克服的障礙？

如果你遇到了無法克服的障礙，又確信沒有人可以幫你解決，與其無謂地堅持，不如果斷地放棄。無法克服的障礙不管是由什麼造成的，它都是你無法解決的；而這也決定了你的堅持將沒有任何價值，不會有任何回報。

④完成（或維持）這件事需要投入什麼？

要想完成這件事，你必須考慮自己還需要投入什麼。比如，還需要花費多少時間、需要投資什麼新的東西、需要哪些成本等。一件事情想堅持下來就必須解決遇到的問題，而解決這些問題需要你進行新的投入。如果缺乏付出代價的意識，勢必得不償失。

布倫南．加德納說過：「人生就像打高爾夫球，你離開一個坑，是為了打進另一個洞。」放棄有時候也是一種戰略，是做成大事的一種理性選擇。事實上，一個人不可能時時、處處、事事都一帆風順。因此，通過放棄一些小地方去獲取更大的收穫是必要的。

世間萬事，有得必有失、有失才有得。一個人不可能把所有的事情全部做好，只有那些懂得選擇與放棄的人，才能取得實質意義上的成功。成功的人之所以成功，並不是因為他們做的每件事都比別人好，而是他們善於量力而行地選擇，他們所走的路總是障礙最少的。而那些抓住一件事就鑽牛角尖，愚昧堅持的人，永遠不可能獲得什麼大的成功。

思路也需要微整型

很多事情都不是一成不變的，而是存在著很多變數。所以，思路要放得更開闊，學會洞察變化、隨時調整方向，用更好的辦法去做事，這樣往往會有意想不到的效果。同一件事情，可能有很多種方式都能達到目的，只不過經歷的過程不同：有的花費的時間多些、有的需要的投入多些，我們需要思考這些方法之間的差距，找出現實可能的思路。

其實，做事就是要敢想，特別是很多難以解決的問題根本沒有可以借鑒的範本。放開思路、敢想敢做，才有可能找到突破點；如果畏首畏尾，只會浪費時間和精力。那些成功者總是善於想辦法、動腦筋，讓自己花費最小力氣卻做成最大的成就；而那些缺乏見識、思路狹隘的人，是不可能有什麼作為的。

有一個工廠的會計師，在這一行已工作了好幾年，而且並沒有改行的打算。一天，一個房地產業的朋友邀請他參加房地產俱樂部的午餐會。當時，一位德高望重的老先生在演講中談到了該地區在二十年後的可能發展，他估計繁華還會持續下去，並逐漸向四週發展；同時，他還預測到「精緻農場」的需求將會進一步增長——這些農場只有二到五畝大小，正好有容納游泳池、花園以及一些其他設施的空間。

這位會計師本來就在尋找能夠賺錢的副業，聽完後，便開始考慮起投資房地產。當他發現離市中心十一公里的地方有一塊五十畝的地只賣八千五百美元時，便毫不猶豫地買了下來。然後，在那塊地種上了松樹。

幾年以後，這裡的樹木都長得很漂亮。會計師又請來一個測量員，把五十畝土地分成十塊，然後開始銷售土地。他找了幾本銷售經理人的名單和電話薄，直接向他們出售。他說，只要用三千美元，也就是一棟小公寓的價錢，就能在這裡擁有一塊好地。會計師很快地就把這十塊地都賣了出去，回收共三萬美元。扣除全部費用，賺了將近兩萬美元。

要想做成一件事，就要把思路放開一點，讓自己接收到更多的有用的資訊。既然老辦法、老招數行不通，就必須尋找新思路、新對策。否則，只能束手無策。

任何時候都不要老想跟在別人後面做事，跟隨別人的腳步有時雖然能夠節省一些力氣，但未必能得到大的收穫。我們要另闢蹊徑，用新思路去拓展新道路，找到一套真正適合自己的行事方法。

有一名年輕人，由於家境貧困，從小就開始打工，先後做過照相館助手、旅館的服務生、店鋪的雇員。從小他就告訴自己，將來一定要成為有錢人。十五歲那年，他在別人的幫助下，開了一家小小的雜貨店。由於經營不善，雜貨店很快就關門了。

經過一番思考，年輕人想，既然和別人做一樣的生意要在競爭中求生存，那我做別人沒有做過的就一定能夠成功。於是年輕人決定養鱷魚，這可是一件前無古人的事情，沒有規律可循。開始的時候，由於缺乏飼養經驗，有些小鱷魚因此喪命。可這並沒有嚇阻了他的奮鬥，經過不懈努力，他成功了。

就這樣，一面養一面賣，三年之後，年輕人終於成了一名老闆。沒過多久，他又開始出口鱷魚皮產品。這個年輕人占領先機，很快就成立一家大公司，把生意做到了國外。

做大事並不是一件簡單的事，但也不是沒有捷徑。只要多想一想，不讓思路被限制，就總能有解決問題的方法。擁有一流的思維方式與行為方式，比任何東西都更重要。

不管做什麼，花的是時間和精力，但靠的是腦子。只要敢想，就能找到突破口，就能找到捷徑。如果只是埋頭苦幹，即使花費了大力氣，往往也只會得不償失。放開思路，用腦子做事，才能克服一切阻礙，才能最有效率。

眼睛不是長在頭頂上

在現實生活中，有些人自視甚高，目中無人，處處「唯我獨尊」；事實上，這種人舉止無禮、態度傲慢，做什麼事都不容易成功，也很難得到別人的幫助。在古代中國，「不出惡聲」是非常重要的。人與人之間不管遠近親疏，都不能惡言相向。假使一朝成功就目中無人、狂妄自大，那麼即便當前看似風光，將來等著他的也只會是重重阻礙，一敗塗地。

目中無人，往往會把自己從人群中孤立起來。要知道，你的目中無人不僅讓你失去了很多幫助，甚至會給你帶來很多敵人。一個目中無人的人總是缺少朋友，做起事來也就步履艱難；任何時候，必要的謙虛會給自己帶來更多的條件和機會。

在華盛頓成為美國總統之前，他是一位將軍。那時候曾發生過一件事：

有一天，華盛頓穿著一件破舊的大衣獨自走出營房，沒有一個士兵認出他來。

走了沒多久，華盛頓看到一名下士軍官正在指揮手下的士兵修築堡壘。

那名下士站在一旁，對著那些抬著巨大水泥塊的士兵們發號施令。雖然下士很費力地呼喊，但士兵們還是沒能把石頭放到指定位置。士兵們的力氣快用完了，眼看石頭就要滾落下來。華盛頓急忙上前，頂住了石頭，幫助士兵們將石頭放到了指定位置。士兵們非常感激他，親切地擁抱他。

這時，華盛頓對那位下士說：「你為什麼不幫他們？」下士非常狂妄，背著雙手，不以為然地回答：「難道你看不出我是這裡的下士嗎？」華盛頓不慌不忙地解開自己的大衣，露出自己的軍服，然後說：「按衣服看，我是上將。不過，下次再抬這麼重的東西時，你可以叫上我。」下士這才知道面前是華盛頓將軍，羞愧到了極點，連忙低頭認錯。

目中無人的人往往會過於高估自己，認為自己無所不能；其實，在別人眼裡，你並沒有什麼值得驕傲的。那些具有真正實力的人往往非常謙虛，而那些沒有什麼才能的人才會目中無人。俗話說：「天外有天，人外有人。」不要看不起別人，也許別人比你做得更好。謙虛一點，多和別人溝通，會幫助你吸取經驗，讓自己更加完善。

一般來說，一個人如果發生從低到高的地位或者身份轉變、或者取得成功、或者做成某件大事之後，就很容易出現目中無人的情緒。這會嚴重阻礙往後的發展。眼前的輝煌並不能代表什麼，只有不斷取得成績才能保持自己的地位。

富蘭克林是一位著名的政治家，以謙虛博學著稱，受人愛戴；但在年輕的時候，他是一個目中無人的狂妄傢伙。那或許是因為小時候他的父親過於縱容他，造成了他的這個壞習慣。

直到有一天，父親的一位朋友來到家裡做客。他非常委婉地對富蘭克林說：「你有沒有想過，你目中無人的態度對你沒有任何好處。別人都會遠離你，你也不能從別人那裡獲得半點知識。」從那之後，富蘭克林才意識到了自己的錯誤。從此，他痛改前非，待人處事開始變得謙恭委婉，時時慎防有損別人的尊嚴。不久，他便從一個被人鄙視、拒絕交往的自負者，變成到處受人歡迎愛戴的成功人物；正因為改變了目中無人的毛病，富蘭克林才得以成為一名偉大的領袖。

一個人如果養成了目中無人的習慣，就會對工作、事業、生活產生不利影響。

所以，我們應該克服目中無人的毛病，謙虛地對待任何人或事。

首先，我們要有自知之明，客觀地認識自我，不僅要瞭解自己有哪些優點，還要清楚自己有哪些缺點。有些人之所以目中無人，就是因為高估了自己，對自己缺乏清醒的認識。所以，不管自己做成了什麼事情，取得了多大成績，都不要目中無人，比你強的人多著呢。

其次，要做到平等待人。哪怕你富可敵國、才高八斗，也要以平等的姿態去對待每一個人和每一件事。古話言：「不諂上而慢下，不厭故而敬新。」為人處世既不能巴結逢迎比自己強的人，也不能怠慢比自己弱的人；一視同仁，心平氣和，能夠為你減少很多麻煩。

不管什麼時候，你都不能保證別人對你沒有幫助，也不能保證別人不會對你形成阻礙。所以，別老把眼珠子頂在頭頂上，多注意別人的存在，別人也才會接受你、回報你；然後你會發現，不管做什麼，都突然變得簡單了許多。

3
Chapter

少做些工作，多做些思考

忙啊忙，你也總是忙啊忙的叫個不停嗎？
你知道瞎忙其實比不做事還要糟糕嗎？
要如何才能改掉那些浪費時間、無事瞎忙的錯誤行為呢？
其實你只需要一點技巧，一些工作訣竅。
掌握自己的生活步調，你就能活得更輕鬆、更愉快。

為什麼你總有忙不完的工作

工作並不繁重，自己也很努力，但卻老是力不從心。這是為什麼？因為你在很多無關緊要的事情上浪費了太多時間；工作起來沒有方向、流程安排上缺乏效率、碰到什麼就做什麼，所以自然會手忙腳亂、事倍功半。

會做事的人往往對無足輕重的工作無動於衷，他清楚應該先做什麼，後做什麼。他不會先做那些不值得的事，不會為此消耗大量的時間和精力，使自己疲憊不堪。

其實，不論我們每天要做多少工作，只要掌握方法，就能有條不紊地完成任務，又不讓自己累得半死。

①**知道每件事要達到的目的再去做**

吃飯是為了充饑，喝水是為了解渴，但很多人卻不知道工作是為了什麼。別人說做什麼就做什麼，自己看見什麼就做什麼，從來不去思考為什麼要這麼做。因為目的不明確，工作沒有方向，做了很多費力不討好的工作。

有一位從事建築工程的師傅，正滿頭大汗地工作著，徒弟也在一旁認真地學習。突然，師傅對徒弟說：「去拿一把螺絲起子過來，我一會兒要……」沒等師傅說完，徒弟立刻去了工具間，過了一陣才把螺絲起子拿過來。

徒弟氣喘吁吁地對師傅說：「工具間太亂了，還真不好找。」師傅一看，生氣地說：「誰讓你拿這麼大的啊，這要我怎麼用？」徒弟心想，我又不知道你要幹什麼，誰知道要大的還是小的。於是師傅再次說：「去拿一把小的來，我要固定這個螺絲釘。」說著，將螺絲釘給徒弟看。這次徒弟知道了師傅的具體要求，拿來的螺絲起子肯定能符合要求了。

有時候，工作中經常會發生這樣的事情：老闆吩咐你準備一份資料，你忙前忙後，結果老闆說不符合要求；同事告訴你明天要開會，等你去了才知道，這個會議卻跟你沒有關係。所以，一定要明白「為什麼」，這樣才能把工作做好、把事情做出效率。要知道，高效率地儘是做些瑣碎小事，比低效率地做重要工作更是可怕。

②第一次就把工作做好

很多人當面對事情的時候，如果一下子有太多工作需要做，而卻又沒有充足的時間時，他們可能會趕時間先湊合著做；又或者先放在一旁，等到別人發現出狀況了，才急匆匆地動手下去做。結果，不僅工作沒有做好，通常更會讓自己陷入忙亂。

任何工作，不管你有多忙，千萬不要用敷衍的態度做事。要麼不做，要做，就一次把它做好。如果你能把每件工作都一次到位，你才能夠慢慢輕鬆下來。

某家公司的老闆發現辦公室的影印機總是卡紙，於是吩咐秘書找人來修理一下。經過修理後，影印機很快又可以正常運轉了，但修理人員卻發現影印機某些部分也可能有問題，於是就問秘書是否需要提前更換一個新的。

秘書當下因為還有其他事情要忙，覺得既然影印機已經能用了幹麼還要自找麻煩，於是就打發修理人員走了。修理人員臨走前告訴他說：「現在不換，過一兩個月還是得換喔。」

果然，一個月之後，當老闆複印一份重要文件的時候，影印機又罷工了。於是他大發雷霆，叫來秘書就破口大罵：「你是怎麼辦事的？上個月才修了一次，現在就不能用了！上次修的時候你到底有沒有澈底檢查。」

秘書想起上次修理人員確實提醒過自己，只得再次打電話請修理人員過來。可是對方說現在沒時間，沒辦法上門服務，如果著急的話就只能請他自己把機器運過去。

這下秘書只好灰頭土臉地找計程車，親自將機器運過去，足足浪費了一天的時間。

很多時候，一次就能完成的工作，卻會因為太忙，而被刻意的疏忽，於是等到問題出現時又還得費心費力去解決。最後不僅累了自己，還給老闆留下「做事不牢靠」的印象。所以說，不管多忙，做事一定要一次到位，用最小的代價達到最大的功效。否則，只會浪費你更多的時間和精力。

③再忙也要多思考

因為太忙，總是不去思考，結果浪費了很多時間。其實，越缺乏思考，往往會越忙碌、越容易浪費時間。有時候，一個小時的深思熟慮有可能勝過你一個禮拜的忙碌。所以多花一點時間去思考，然後再開始做事，這樣會讓你更有效率。思考能幫助你從無效走向有效，從有效走向高效。

不經過思考而忙碌於工作，很容易白費功夫，這樣的「忙」，僅僅是一種習慣。很多人總是盲目地工作，該他做的、不該他做的，現在該做的、以後要做的，全部混淆在一起，沒有一個順序和安排；抓到什麼做什麼，做完以後才發現自己做的事情根本毫無意義。因此，不要拿忙碌作為不思考的藉口，越忙越要抽空思考。

不管從事什麼工作，不要為忙碌而忙碌，這樣的忙碌最缺乏效率。多想一想，自己現在做的是不是最重要、最需要的，永遠要避免「浪費」。分清輕重緩急後你就會發現，工作其實並不多，也能很輕鬆地完成。

只求創造價值，不求萬事通包

在公司裡最受重視的員工，並不是那些只知道埋頭苦幹的員工，而是那些做出成果、重視績效的員工。聯想集團就有這樣一個理念：「不重過程重結果，不重苦勞重功勞。」公司最重視的是你的「功勞」，而不是你的「苦勞」，更不是你的「疲勞」。

在工作中，經常有人說：「沒有功勞也有苦勞。」但這不過是種安慰、藉口，說穿了就是證明其能力不夠、工作成效不高。這種人總覺得自己付出了努力，不管工作有沒有效果，都算是做出了成績。如果你也是這麼想，那你將無法得到重用。

有三個同時進入同一個部門的年輕人，專業知識相差無幾，但薪水卻大不相同。部門主管非常好奇，三個人學歷一樣、表現出來的專業知識也差不多，人事部經理為什麼會定下全然不同的薪資呢？

帶著疑問，部門主管去找人事部經理。人事部經理笑著對他說：「在學校他們是學習書本知識，但在公司裡，卻是要行動、要結果。公司與學校的要求不同，員工表現也與學校的考試成績不同。薪水作為衡量的標準，自然就不同呀！」

見部門主管還是不太懂，人事部經理說：「這樣，我們現在叫他們三個人做相同的事情，你就可以知道答案了。」於是，部門主管把三個人叫過來，讓他們去調查一下停泊在港口邊的船上毛皮的數量、價格和品質。

一個小時後，三個人都回來了。第一個人彙報：「那個港口有一個我的舊識，我給他打了電話，他願意幫我們的忙，明天給我結果。我準備今晚請他吃飯，請您放心，明天一定給您結果。」

第二個人把船上的毛皮數量、品質等詳細情況提供給了主管。

第三個人則除了報告毛皮數量、品質等情況，還將船上最有價值的貨品詳細記錄了下來。另外，他更打電話向另外兩家毛皮公司詢問了相關貨物的品質、價格等。

這時，部門主管終於明白了。

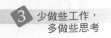

公司是靠「結果」生存的，只有員工做出成果，公司才能發展。如果我們每個人都滿足於苦勞，滿足於「我已盡力了，結果做不到我也沒辦法」，那公司還要發展嗎？老闆當然只看結果，不管過程。如果目標沒有達到，「沒有功勞也有苦勞」也不足以成為你的藉口，只能說明你無能。

我們強調的不應該是過程，而是結果。不管你做了多少，公司需要的卻是最後所創造的價值，因為結果才是最重要的。做員工，就要做一名有價值的員工。

世界第四大家用電器製造商的海爾集團有一個「三不」策略：不講過去——不論過去作出過多大貢獻，只要不能勝任今天的工作，就絕無情面可講；不講關係——個人收入和升遷只與效益相聯繫；不講學歷和資歷——只看業績，以績效論英雄。

在海爾集團，每年年終，總有一部分中層幹部因無法完成市場任務而遭到調職；也總有一批超額達成績效的新秀得到升遷。「能者上、平者讓、庸者下」，在海爾集團司空見慣、習以為常。有時候，海爾集團的幹部調整的總數要占幹部總人數的一半以上。海爾集團的總裁張瑞敏常說：海爾集團就像一輛在發展和改革的大道上疾駛的汽車，每到一個急轉彎，總會有人摔下來。

「不管黑貓白貓，抓得到老鼠的就是好貓。」無論是「英雄」，還是「好漢」，都應該是那種會運用智慧工作的人，而絕不是整天喊「沒有功勞也有苦勞」的人。市場只認效率，公司只認功勞。所以，你只有創造出更大的價值，才能在競爭中存活下來。

公司必須追求效果，沒有效果的工作不僅是對人力和時間的浪費，還可能有資金和其他方面的浪費；沒有效果的工作，對公司來說毫無意義。在沒有功勞的時候，強調你做了多少工作是沒有意義的。衡量一個人的能力主要是看結果，以結果論成敗，以結果論英雄。工作做得再多，如果沒有做出業績，一切都是鏡花水月。

做好工作計畫才能提昇效率

工作沒有計劃，就好比在大街上漫無目的地閒逛，白白浪費時間。做任何工作都應該有計劃，避免盲目，促使工作循序漸進。有些人天天在忙碌，卻又毫無成果，老是事情做不完卻又不知從何著手，其中的關鍵原因就是沒有制定合理的工作計畫。

那麼，我們要如何做，才能把工作做得漂亮呢？

首先，把工作管理得井井有條。你必須準備好計畫表，一一列舉出要做的工作。例如：上班前把當天需要的資料備齊、把完成的文件放好、穿戴整齊、提前準備要向上彙報的內容等。這些經常做的事情要形成習慣，儘量不需要花時間思考就能做好。

另外，要制訂各種工作和活動的檢查表。你必須知道哪些工作由哪些事情和步驟組成，再據此製作一張便於核對的檢查表。每當要做這些工作的時候，就可以逐項進行，才不會有所遺漏，不會出現忙亂，進而提高工作效率。

其次，在明白輕重緩急後，就要根據需要及時調整時間表和工作方向。時間表制訂後一般不要輕易去修改它，這是你做事的基本方向，能夠為你節省很多時間。但如果遇到緊急情況、突發事件，就需要及時修改了。所以，要讓自己的時間表略有彈性，既便於調整，也便於執行。

最後，學會統籌安排。在做很多工作的時候，有些工作可以合併在一起做。例如你可以在影印的時候，整理一下週圍的東西。用同樣的時間多做一項工作，就等於提高了一倍的效率。

統籌安排時，需要清楚的了解自己所要做的工作的耗時情況和過程，確保這些工作都能順利進行，這樣才能進行系統安排。否則，幾件不宜同步進行的工作交叉在一起，反而容易帶來混亂和危險。

養成有計劃的工作習慣，能夠讓你做起事來更有條理、更有效率，也更容易獲得成效。那麼，如何計畫呢？你可以按照以下幾個步驟去做：

① **明確目標**

工作開始前，你就要明確自己的目標。如果你對自己需要完成什麼工作都不知道，這種困擾將會嚴重影響工作效率。在做事之前，先想明白工作的主要目的是什麼。少了「明確目標」這一步，往往會導致最後一無所成。

② **理出頭緒**

腦子裡亂七八糟的一堆工作，往往很難讓你全神貫注地做好眼前的事情。在工作開始前，除了明確目標以外，你還應該花幾分鐘時間理出頭緒、分清次序。否則，你就得在工作中浪費很多的時間來處理可能出現的混亂和衝突。

③ **弄清工作規定**

不論處理什麼事情，首先要弄清其指標和規定。比如，工作的品管規定、工作的標準程序以及工作進行過程中會受到怎樣的限制等。明確了這些，你就會事先作好準備，在工作過程中手到擒來。否則，等到需要的時候再去做，往往會手忙腳亂，引發混亂。這個時候，不但工作流程無法順利進行，還會浪費很多時間。

④ **指定時限**

為自己強行指定時限完成工作內容，對於工作效率的影響有利有弊。一個刻意的時限能夠使你忘記瑣碎的小事，並提升你的工作效率；當然，規定的時限也會令你陷入無法按時完成工作的焦慮，從而影響手頭實際的工作。所以，指定時限必須量力而行。如果你需要完成一個可能花費幾週時間的工作，就要把工作劃分成塊，分別設定時限，確保在短時間內完成工作的重要部分。

⑤ **清除障礙**

工作中難免會碰上障礙，這是造成工作混亂和效率下降的重要原因。當你工作受阻時，一定不要心煩意亂，而應及時靜下心來。要積極思考出路，學會掃除障礙，這也是提高效率的重要方式。

加班不等於加薪

沒有人不希望老闆給自己加薪，但大部分人卻只把這當成一種奢望，也不敢主動向老闆提出要求；更有的人為了多賺一點錢，於是不斷地透過加班來增加那麼一點點的薪資補貼——這是非常愚蠢的行為——首先，加班會占用你很多休息、娛樂時間，讓你身心疲憊，影響你的正常工作；其次，加班也不會給你帶來可觀的收入。總而言之，依靠加班來加薪，可以說是得不償失。

很多老闆都喜歡給那些加班不要命的員工加薪。但是拼命加班，一個人幹兩個人的活，老闆最多也只會再給你加一半的工資，算下來，還讓老闆倒賺了一半。所以，大部分老闆當然樂於看到員工主動加班。但是對你來說，這樣真的好嗎？

其實加薪的方法有很多，最直接地，便是靠工作態度和工作績效加薪。如果你做出績效，在年終結報及日常報告中留下記錄，就能用具體數字來證明自己的工作績效與貢獻。你完全可以單刀直入、將業績實實在在地拿給老闆看，和老闆商量加薪的問題。

當然，如果老闆總是打馬虎眼，你就可以以跳槽為藉口，以退為進。這並不是讓你威脅老闆，只是稍微抱怨一下而已。只要讓老闆看到你的業績，知道你想加薪，一般來說，老闆會同意的。

其次，依靠學習新技能讓自己加薪。學習新技能、或者參加一些培訓，會顯著提高你的工作效率。藉此，你能向老闆表明：私下花費精力與時間努力學習的新技能，將對工作大有助益，能夠給公司帶來更大的效益；而你也要讓自己的新技在工作上發揮效用。這樣一來，老闆自然會考慮給你加薪。

大多數時候，老闆不會主動提及加薪。如果你沒有足夠的耐心，就要學會如何向老闆提出要求。就加薪而言，要注意幾點：

① **要學會審時度勢**

你必須在時間、地點、場合等條件都合適的情況下和老闆談加薪的問題。太過突然，只會使老闆反感。談加薪的最佳時機一般是公司每年年底進行業績評估時，如果發現自己做得不錯，有加薪的空間，就可以藉此向老闆提出加薪，這樣老闆多半會加以考慮。

②以業績為重點

和老闆談加薪的時候，不要去討論你做了多少工作、付出了多少，這不是老闆關心的問題。老闆關心的只是業績。你必須證明你值得加薪，而不是你需要加薪。

③掌握加薪的時間

掌握公司的加薪時間是很重要的。大多數公司會在年初或年底加薪，也有公司會在年中加薪；如果你遇到加薪不定期的公司，就更要注意，這類公司通常會根據你的表現考慮加薪。要把握好時間，才能得到加薪的機會。

④先考慮好自己的要求多寡

加薪不同於一般的討價還價，不能「漫天要價，坐地還錢」。否則，定會引起老闆的反感。提出加薪時，你需要誠實地為自己估價。最好先做些調查，瞭解所在行業和所在位置的薪資水準，再提出合理的加薪幅度。

不管在什麼時候，想得到加薪的機會，一定要瞭解公司的經營狀況，要綜合考慮公司當前的經濟形勢，對公司上一年的經營狀況以及下一年的大概計畫有所瞭解。如果公司今年業績有所成長、或者你完成了新專案，這時提出加薪就比較容易成功；相反地，如果公司今年虧損或者業績不好，加薪的可能性就很小了。

多審視自己對公司的貢獻，回顧一下自己創造的價值，把自己所做的業績都表現出來，突出的貢獻更要強調出來，並且讓老闆看到這些。然後，從公司的角度來看一下自己的貢獻，判斷公司是否需要加薪來留住你這個人才。一旦你得到的是肯定的答案，就不需要有什麼顧慮，不妨大膽地尋求加薪。

忙裡偷閒是種藝術

很多人經常抱怨：「我總是有接不完的電話、開不完的會議，它們嚴重干擾了我的工作進度。」其實，學會忙裡偷閒，讓工作與生活平衡，讓自己保持輕鬆，往往能讓你重新獲得良好的狀態，更好地投入工作。

雖然我們不能控制時間，但我們可以控制自己；那些整天喊忙的人，其實就是不懂得忙裡偷閒。那些有心的人，永遠不會覺得忙，因為他們知道自己在做什麼、還要做什麼。他們不會讓自己一直保持緊張的工作狀態，偶爾會放鬆自己一下，善於調節自身的狀態。

所以，忙裡偷閒必須從管理自我開始，找出自己浪費時間的根源，找出自己可以休息的時間。根據調查研究，一般人最容易犯的毛病有：計劃不週、能力不足、溝通不良、授權不當、猶豫不決等。正是這些原因，讓他們浪費了很多時間，讓他們整天忙於工作而難有休息的時間。

有些人對別人做事總是不太放心，於是就拼命地把過多的責任都攬在自己身上。但其結果卻多半會因為自身能力有限，由此產生困擾。這樣的人有一個最大的毛病：太強調自己的重要性，認為自己是不可取代的。位置坐得愈高的人，這個毛病愈嚴重；有很多時候，不是他的時間不夠，而是自己放不開。要知道，事必躬親並不能解決所有問題，只會把自己搞得身心俱疲。在必要的時候把事情交給別人，自己忙裡偷閒，何樂而不為？

還有一些人，做事沒有計劃、不分輕重緩急，不僅效率極低，而且會把工作和生活弄得一團糟。這樣的人應該好好反省，重新排定事情的先後順序。小至每天，大至每月、每年的行事日程，都應該預先做好安排。譬如，你發覺自己一天精力最旺盛的時間是上午，就要把最重要的工作安排在這段時間內處理；一天中精神最差的時候如果是在下午三、四點，那就趁這個時間休息一下，為下一刻工作做好準備。

不要說自己「忙得連飯都沒時間吃」，只要你願意，你永遠能抽出一點空閒時間。要做到忙裡偷閒，就要學會拒絕，要弄清楚你拼命的事是否真的值得你為它拼命；如果不值得，乾脆就放下。即使遇到一些必須解決的事，也要善於尋求外援，找別人一起分擔，而不能把所有的事情都自己扛。

工作並不是一個人的全部。即便再忙，也要忙裡偷閒，偶爾聽聽音樂、看看電影，始終保持一個好心情。忙裡偷閒最重要的原則就是對每一件事都重視，其中當然包括了休息和娛樂。心情是可以創造的，時間是可以掌握的。善於安排的人永遠不會覺得忙碌，因為他始終輕鬆愉快地在工作。

忙人無智，靜能生慧。試著提高做事的效率，少做無益的小事，你就會獲得可觀的「悠閒」時間，從而讓煩惱從工作中消除。

首先，抽一點時間運動，你就能保持活力。定時運動不僅對我們的肺部、心臟和消化系統有益，而且對活躍思維非常有利。一天工作的積極性和你的體能活動密切相關，身體狀況好的時候，可以增加「精力充沛時間」，並使你的工作效率達到最高點。

其次，累的時候小憩一會兒。大多數的動物都有這種生活習性，他們需要偶爾小睡一下。愛因斯坦把小睡列為他一天例行事務中的一部分，愛迪生和邱吉爾也有小憩的習慣。小憩能幫助他們減輕繁重的工作壓力，有時候效果比定時的午睡還來得有效。可能的話，花幾分鐘小憩一下，你就能重新振作精神，提高工作效率。

最後，做任何事情都不要著急。很多人面對一大堆工作，就會變得急躁，恨不得焚膏繼晷地處理完成，但這樣做的效果通常並不好；所以，不要著急，適當放慢腳步，以較快的而不是最快的速度去做，給自己留一點緩和的餘地，這樣你會輕鬆許多。

會議應該簡單而有效

開會是工作中經常運用的溝通方式和決策方式。在一些公司，會議安排得非常頻繁，有時候甚至是「趕場」。不過，效率如何呢？常常是主題不明、議而不決、決而不行，會議效率極其低下。

但是，很少有公司會花時間來檢討自己開會的方式。在許多公司，會議形存實亡，純粹是浪費大家的時間和精力，因此，提高開會的效率，讓會議簡單而有效，是一個亟待解決的問題。

日本太陽公司為了提高會議效率，實行開會分析成本制度。每次開會的時候，公司總是把會議成本分析表格貼在黑板上，提醒開會的人員花費了多少會議成本。

在開會的時候，要讓會議儘量簡單化。要做到有所謂而為，才能讓會議既有效率、又有品質。幾點需要注意如下：

①把會議議題和相關內容的資料提前發給與會者

為了避免會議因考慮不週、資料準備不齊、或者不瞭解會議內容等問題，導致會議拖延或無法達到預期效果，會議負責人不妨對會議的背景、議題、重要內容進行整理，製成檔案，提前發給與會者，引導他們對會議情況有所瞭解，並形成初步的意見和結論。這樣正式開會的時候，大家自然能夠有效的談論出結果。

②控制開會的人數，不邀請無關的人

開會要消耗時間、費用，這些都是成本；也就是說，參與人數越多，會議成本就越高。另外，會議人數太多，七嘴八舌，會降低效率。邀請那些與會議無關的人，是一種極大的浪費，也毫無意義。很多會議討論的問題，可能與某些部門或者管理人員沒有任何關係。他們無法發表意見和觀點，實際上是在「旁聽」。因此盡量減少可有可無的人參與會議，才能減少支出、提高效率。

③會議討論的問題不要過多，也不要太少

要注意，不能一有小事就召集大家開會；也不能將很多問題都集中在一次會議上解決。因為目標太多，就等於沒有明確的目標，必然導致每個人關心的重點不同，討論時就難免會分散注意，結論達成的速度也會減慢。一旦會議時間延長，自然就會影響到效率。每次會議的議題不能太多，最好不要超過三個，儘量做到精簡，可以保證會議的效果。

④ 嘗試站著開會

如果會議討論的問題重大，達成意見就會相對比較困難，會議的長度也會難以控制。再加上一般會議室的環境座椅舒適、燈光明亮，各種設備一應俱全，甚至還有新鮮的水果和食物，這為會議時間的延宕提供了良好的條件。為了避免浪費太多時間，可以試一試站著開會。給大家造成一種壓力，督促大家積極發表意見，儘快結束會議。雖然這種方式看似有點不近人情，但它對壓縮會議時間，提高討論效率非常實際。

⑤ 控制每個人發言的長度

總是有些人在發言時滔滔不絕，導致會議時間不斷加長。主持會議者應提前限定好每個人發言的時間，讓大家「心中有數」。並及時提醒發言人員簡單、快捷，避免其占用過多的會議時間。

事實證明，有效而簡單的會議不僅能減少成本，避免浪費時間，而且對我們的工作具有重要的促進作用。

別讓文件把你淹沒

許多人的辦公桌雜亂無章，他們習慣了被各種文件淹沒。但他們不知道這會給他們增添多少麻煩，浪費多少寶貴的時間。比如，在需要一份檔案的時候，就不得不在堆積如山的辦公桌上翻找半天；一旦找不到，還會使他變得憤怒無比。如果不想讓文件淹沒，就要養成隨時整理辦公桌的習慣，也就不會出現「大海撈針」找資料的情況了。

只留下必要的文件，使你一天的工作變得更加明確，既節省了時間、還提高了工作效率。開始工作之前，先將工作空間清理乾淨，把暫時用不到的檔案收到抽屜或工作櫃裡。

據統計，有95%以上的人都為辦公桌上堆滿文件而苦惱。如果你不想浪費時間，就要將那些不必要的文件擱在一旁，讓你能專注於某一件重要的事。

那麼，如何判斷一份文件是否值得留在辦公桌上呢？

要解決這個問題，必須優先而慎重地考慮一下你打算在下個星期、下個月或者下個年度的任務或指標是什麼，而不能只考慮下個小時或下一天要做些什麼。總結一下，以下幾種文件是你應該保留的：

①「許諾」的文件

比如，你的下屬在給你的文件中寫道：「我有一個創意。這個創意一年將花掉我們公司許多錢。但我敢保證，這個專案將會在三年後給我們公司帶回五倍於投入的收益。」那麼在三年後，如果效益不彰，或者完全失敗，這時候，你就可以拿出文件問他：「這是怎麼回事？」這是一種有效提點別人的方式。

②「衝突」的文件

如果一份文件的內容是關於公司的職員或者部門之間可能或者即將發生的某種衝突，你就應該把這份文件保存下來。對於當中提到的衝突，你要分析並儘快解決這些矛盾；但如果這些矛盾都還只是隱患，那麼保留文件，才能在未來問題發生時即時解決。

③「未決」的文件

如果一份文件涉及未解決的問題，你也需要把它保存下來。如果你對該檔案陳述的情況懷有疑惑，那最好親自解決，而不是轉交給別人處理；既然是遺而未覺的問題，就肯定有不好解決的原因，只有弄清這些才能完美解決，進而避免引發衝突和摩擦。

當然，從辦公桌上清除目前不需要的文件後，這些文件卻也不能隨意亂放。有些事情雖然現在不用去做，但總是要去做的。所以，應把所有的檔案按照其重要性和先後順序，分為「應立即處理的」、「暫緩處理的」、「以後處理的」以及「留作資料保存的」各別放好。

「應立即處理的」是一些緊急信件或者其他必須馬上做決定的事，這些通常是放在桌面上的；「暫緩處理的」是一些需要處理但不著急的事，在採取適當的行動之前不用太過在意；「以後處理的」一般不是真正重要的工作，還有待研究，可以先不理會；「留作資料保存的」一般包括上級的政策、指示、決定以及有保留價值的資料等。

有些人處理文件極有效率，他們的辦公桌通常整潔乾淨，沒有那種堆放得凌亂不堪的情況。這是因為他們總知道哪些應該保留，而哪些應該及時清理；對於保留下來的文件，他們也總能在最短的時間內予以處理，這就使他們永遠不會被文件所淹沒。

做好準備工作

「磨刀不誤砍柴工」，要想砍柴快，就要先磨刀。同樣，在開始做事之前，把一切準備就緒，就能提高效率。如果準備得充分，就能如弦上之箭、蓄勢待發。只有做好準備工作，才能事半功倍。

在某些公司裡，一些員工看似聰明，效率卻不高；而一些員工雖然看起來老實，但做起事來條理分明，有著極高的執行力。實際上，那些總是能夠出色完成任務的員工，無一不是能善做準備的人。很多人整天都在忙碌，效率卻極其低下，因為他們不但沒有弄清楚要怎樣去完成任務，而且更沒有做足準備。

在工作中，我們一定要重視準備工作。如果沒有準備好，接下來的工作就難以順利地進行下去；這就好像沒有打地基的房子，誰也不知道會在什麼時候坍塌。要做一個受公司歡迎的員工，就一定要懂得預做準備，當一切準備就緒時，剩下的事情就簡單了。做事有效率、執行力強的人，總是善於先做好準備，再以效率勝出。

張志強與李磊都在銷售部門做銷售助理，兩個剛上任的年輕人工作都很積極。但是，他們做事的方式卻大不相同。

一天，和志強約好的一個客戶來到公司，找到正在忙碌的志強。此時的他正埋首於一大堆客戶資料中，焦頭爛額地進行分類。看到已經到來的客戶，他才想起了這件事情。於是他滿懷歉意地請客戶來到接待室，卻發現應該複印的文件和資料以及產品的說明書都還未準備好，因此又一邊道歉，一邊匆匆忙忙地跑去複印。等一切準備就緒，客戶已經很不耐煩了。

最後，當志強滿懷歉意地向客戶介紹產品性能時，卻又發現剛剛在慌亂中居然把產品說明書印錯了。這一次，客戶再也不接受他的道歉，掉頭就走，直接取消了這筆生意。

志強為此懊惱非常，而經理也沒有過多地責罵他，只是告訴他，明天李磊也要簽一筆生意，要他去看看李磊是怎樣做的。

第二天，李磊按照約定的時間在公司門口等待客戶的到來。客戶沒有遲到，但對李磊的等待多少有些意外，這種被重視的感覺讓客戶心裡很是滿意。進入接待室後，李磊不慌不忙地打開資料夾，裡面的產品資料、使用說明、文本合同一應俱全。李磊有條不紊地一項一項地向客戶介紹產品的情況，並把近期公司舉行的優惠活動詳細地告訴了客戶，接著更站在客戶的角度上提出了一些有益的建議。

最後，李磊對客戶說：「聽說貴公司最近又要開設一個分公司，我想，貴公司一定在短期內還需要引進我們公司更多的設備。如果您願意的話，可以在這次訂貨中一起購置所需設備。這樣一來，不僅可以因數量多而有更多的優惠，而且可以省去一些不必要的裝運費用，您看怎麼樣？」客戶覺得這個主意不錯，馬上與總公司的負責人聯繫，將最初預算的一百萬美元的增加到兩百萬。

由於工作出色，李磊沒多久就被提升為部門經理，並得到公司的嘉獎。而志強還是經常被他準備不足的習慣弄得焦頭爛額。

許多人常因為做事沒有準備，而造成不必要的麻煩。其實，只有準備充分，後面的工作才能真正達到時至花開、水到渠成的效果。也許你只不過在每次會見客戶前，把所有可能用到的資料準備好，並提前瞭解對方公司的實際情況以及最新的動態。但是，當一切準備就緒，在和客戶談生意時，就會給你增加很多的機會。

很多時候，忙是最容易找到的理由。似乎越忙就表明越能幹，越容易受上司的賞識。其實不然，忙的真正原因，還是工作前缺乏準備，工作時缺乏條理，導致事倍功半，這樣的人自然不會受到賞識。

做好充足的準備工作會占用一部分時間，但卻能給我們帶來更大的收穫，讓我們儘快進入正題，儘早把事情完成。實際上，沒有準備的工作才是浪費時間，而且容易忙中出錯。

最有效率的時間用來做最重要的事

最有效率的時間，是每個人在一天中最精力充沛、思路敏捷的時段，這時如果能夠安排執行最重要的任務，便能達到事半功倍的效果；如果你把這段最有效率的時間浪費在瑣事上，可能你一天的工作也就一無所獲。

對於一位經常坐辦公室的人來說，他的辦事功效會比體力勞動者具有更大的波動性。他的旺盛精力不可能保持一整天，往往只有幾個小時。如能抓住這幾個小時，就能把一天的工作有條不紊地完成。

對大多數人來說，每次開始工作的頭兩個小時往往是精力最充沛的。不過，很多人習慣在工作剛開始的時候做一些例行事務：閱讀信件、刊物、報紙，打幾個例行的電話等。結果，常常一下子就浪費掉這兩個小時的精華時段。

我們應該把一天中精力最充沛的時間用在最重要的事情上，因為這些事情需要以最好的精力、最好的思維、以及最好的精神去做。做好這些最重要的事，你今天的工作就可以說完成了大半。而那些次要的事，可以放在精神不是很集中的時間去完成。

當然，在每個人的一天之中，最有效率的時間是有差異的，通常因人而異。有的人精力充沛的時段是在上午十時至下午三時，也有的人的是在中午十二時到下午六時特別有精神，還有的人要到了深夜至凌晨的時候才精力充沛。

溫以豪和妻子經營同一家商店，但他們從來不會一起在店裡忙碌，多數人來店裡買東西的時候只能看到他們夫婦中的其中一個。他們難道不會覺得人手太少嗎？事實上，他們從來都覺得自己一個人就能做好所有的事情。一般而言，早晨五點的時候，以豪已經精神飽滿地睜開了眼睛，然後開始悄悄地穿衣起床，因為他的太太還在熟睡中，她大概要到八點才會醒來。

以豪從早上到中午都能保持精力旺盛，但一到下午就不喜歡做任何事，所以他都是負責早上的生意；和他相反，他的太太卻不喜歡上午做事，尤其討厭早起。上午，她喜歡悠閒地散步，然後開心地準備午餐。午餐過後，她會接手商店，換以豪開始度過一個悠閒的下午。

以豪和他的太太總是在自己狀態最好的時候經營商店，而他們的時間又恰好能夠互補，這令很多人非常羡慕。以豪常說：「過去十五年來，我們倆幾乎沒有同時起過床。我一般上午的工作效率很高，而她則習慣於從午後開始工作，我們真是好搭檔。」

一九五〇年，醫學家兼生物學家的霍爾堡醫生在哈佛大學實驗室中發現，紅血球的數目在一整天中並非完全不變，而是會隨著時間的不同有所變化。其數目會在一天中的某個時間比較高，而在十二小時後則較低。他還發現心臟、新陳代謝率和體溫等也有同樣的規律——霍爾堡由此推論，我們體內的各個系統並非永遠處於穩定而毫無變化的，而是有一個週期性，有時會加速、有時會減慢。也就是說，我們每天只有一段時間做事效率是最高的，而其他時候則會差一些。

在同一天中，做事的效率有其波長，而如果把時間拉長到一週來觀察，其實情況也是如此。日本成功學大師多湖輝就曾提出「週一病」的觀點，認為剛剛度過週末，週一肯定缺乏工作效率；再加上「今天開始，又要工作一週」的壓力，通常週一都會有所謂的Monday Blue，工作效率不高。到了星期二，這種心情會消失，再度精力充沛。星期三、四，人會漸漸疲憊，工作效率又逐漸降低。但是，到了星期五，一想到週末，心情就會開始興奮，工作效率便又會提高了。這就和爬山一樣，在爬到半山腰時感覺最累，因為接著還有一半的路程；而快到山頂時，又會再度精神百倍，因為看到了盼望已久的目的地。同樣，大部分人在工作接近結束時，效率都會提高。

要使一星期的工作都能維持高水準，就要合理安排一週的工作時間。週一最好做擅長的事，不擅長的工作最好安排在週末做。我們也要找出自己每天的巔峰在哪裡，低潮在哪裡，並且好好地運用它。在精力最好的時候做最重要的事，對提高工作效率非常有效。當你的腦力活動較不頻繁時，可以做些簡單的事；而當你處在巔峰時，就要抓緊一分一秒。

4
Chapter

要嗎做要嗎走，不要一邊抱怨一邊做事

時間，是忙碌時最重要的資產，
但你有想過自己都把時間花到了哪裡去了嗎？
抱怨、猶豫、拖延、怠惰、消極，沒有人能保證自己沒有這些毛病，
但你知道這些毛病對你造成了多麼致命的影響嗎？
別再把忙碌歸咎於別人了。
自己，才是那最強大，
卻也最容易克服的敵人！

抱怨的時候怎麼做事？

在現實生活中我們不難發現，「抱怨就像空氣一樣無處不在」。人們的壓力越來越大，競爭越來越激烈，很多人習慣了一邊做事一邊抱怨。調查結果顯示，近九成的人每天都會抱怨；其中，有一半的人每天抱怨一至五次，其他人則抱怨得更多，不抱怨的人連十分之一都不到。

確實，在日常生活中我們難免會遭遇挫折與不公平的對待，心生不滿、抱怨、然後滿腹牢騷，這是一種很普遍的心理；但反過來想一想，即便你不停地抱怨，情況也不會因為你的抱怨而有所改變，只會因為你的抱怨而變得更加糟糕。

李自強在一家汽車修理廠做修理工。從進廠的第一天起，他就喋喋不休地抱怨個不停。他會不斷地向旁邊的同事說：「修理這工作太髒了，我天天換衣服，可還是好像從來沒有洗過一樣」、「天天都累死了，真羨慕那些天天坐辦公室的人啊」、「老闆真小氣，薪水也不多加點」……他總是覺得自己在受煎熬，就像奴隸一樣賣苦力，被老闆壓榨。

因此，李自強每時每刻都關注著前輩們與老師傅的行動，稍有空隙他便偷懶。雖然沒有給廠裡帶來什麼損失，但工作做得非常平庸。當別人在學習新技術時，他就趁機休息；當別人向老師傅請教的時候，他卻不以為然。他的心裡除了抱怨，已沒有其他想法了。

幾年過去了，當時與李自強一同進廠的三個同事都已然學得了精湛的手藝。有的另謀高就，成了其他修理廠的高級顧問；有的被老闆送進大學進修。獨有他，仍舊在抱怨中做他討厭的工作，工資也從沒有過任何變化。

心理學上來說，抱怨是一種情緒發洩。不滿情緒不能過於壓抑，需要適度發洩出來；但過多的抱怨，不僅於事無補，還會影響工作的效率，甚至斷送前程。與其抱怨，不如面對現實，正視自己的工作。如果你能把抱怨的時間用來做事，你也許早就不用抱怨了。

為了不讓自己成為只會抱怨的廢人，大家可以學習以下幾個小方法：

①只對有辦法解決問題的人抱怨，這是抱怨的前提和原則。對那些無法幫助你的人抱怨，只會讓你們一起抱怨。

②盡可能以讚美的話作為抱怨的開端。藉由讚美來軟化氣氛以及定下評斷的標準，如此，將有益於消除不必要的誤會，使得抱怨看起來像是「開玩笑」，別人也才不會過於當真。

③即使感到不公、不滿和委屈，也應儘量先使自己心平靜下來再說。過於情緒化的抱怨是不理智的，無法清晰透徹地說明你的理由。無緣無故的抱怨，只會讓別人更加討厭你，而不是同情你。

④抱怨時，要多選擇非正式場合，少選擇正式場合抱怨。抱怨公事，應儘量與上司和同事私下交談，避免公開提意見和表示不滿。

⑤抱怨要選擇適當的時機，切不可讓不滿情緒任意爆發。

⑥抱怨時要把握對事不對人的重要原則。你抱怨的是某些事情，如果牽連到人，就會引起不必要的衝突。

有一句話說得好：「如果你想抱怨，生活中的一切都會成為你抱怨的對象；如果你不想抱怨，生活中的一切都不會讓你抱怨。——不管是生活，還是工作，都是一樣的道理。以抱怨的心態對待工作，做起事來難免草率敷衍，你又如何獲取富有激情與創造性的工作成果？

在現實生活中，我們能發現許多才華橫溢的失業者。他們都有一個共同的特點，那就是對過去的工作充滿了抱怨。他們之所以得不到機會施展自己，正是因為他們花太多的時間在抱怨上。

令人想要抱怨的理由有很多，但你的抱怨只會使你的狀況越來越糟糕，比如：你抱怨工作不好，因此做起工作來就不賣力。結果工作沒做好，上司就開始找你的麻煩；接著，你便又開始抱怨上司不好。最後，當這些話傳到上司耳裡後，不但對你留下了壞印象，嚴重地甚至可能會讓你丟了工作。

當遇到問題或遭受挫折的時候，不要把注意力全都放在抱怨上。在工作中不斷地抱怨，遲早會被老闆炒魷魚；在朋友面前不斷地抱怨，他們早晚會對你敬而遠之；在家人面前不斷地抱怨，他們遲早會感到失望。實際上，你失去的也許比這些還要多，諸如成功的機會、快樂的心情、寶貴的時間。

既成事實，只能如此

只有接受無法改變的事實，才能克服生活和工作中所遇到的各種困難。在荷蘭的阿姆斯特丹，有一座很著名的古老寺院。在寺院中央的一棵大槐樹下有一塊石碑，碑上刻著：「既成事實，只能如此。」不盡如人意的事情誰都會遇到，不過有的人把時間花在悲傷，有的人卻把時間花在克服和努力。

一件事情，如果你發現已經出了錯而且無法挽回，就不要再多花時間去嘗試補救。與其把時間浪費在沒用的事情上，不如做好事後的彌補工作，避免造成更大的損失和危害。不要害怕失敗與錯誤，因為關鍵在於我們如何接受這些無法改變的事實，並避免讓這些不利因素影響到正常的工作和生活。

愛琳和侄子相依為命，後來侄子因為從軍而走上了戰場。她日夜盼望著侄子能平安歸來，可是，就在美國陸軍獲勝的那一天，她接到國防部送來的一封電報——

她的侄兒失蹤了。一想到侄子失蹤，她就覺得心痛難忍。她的鄰居安慰她說：「你的侄子只是暫時失蹤了，一定會平安歸來的。」

過了不久，愛琳又接到一封電報，說她的侄子已經犧牲了。這讓她澈底崩潰了，她悲傷得無以復加。失去了親人，她覺得再也沒有什麼值得自己活下去的理由了。從此，她開始忽視工作，忽視朋友，變得冷漠又怨恨。

悲傷的愛琳決定離開家鄉，去一個遙遠的地方。在準備辭職的時候，她突然看到一封已經被自己遺忘的信。信是幾年前她的母親去世時，侄兒寫給她的。她的侄兒在信中寫道：「當然我們都會想念她的，尤其是妳。不過我知道妳會撐過去的，以妳個人對人生的看法，就能讓妳撐得過去。我永遠也不會忘記妳教我的那些美麗真理：不論活在哪裡，不論我們的分離有多麼遙遠，我永遠都會記得妳教我要微笑，要像一個男子漢，承受一切發生的事情。」

看到這些，愛琳彷彿受到了最大的鼓舞。她決定好好地工作，好好地生活。第二天，她精神飽滿地出現在公司，向同事們道歉，然後開始認真地工作。

任何人都會碰到一些令人不快的事情，它們既然已經成為事實，就不可能再消

失，而我們卻能夠有所選擇。我們可以把它們當作一種不可避免的情況加以接受，適應它；否則，我們只能讓憂慮毀掉我們的一切。

大多數未知因素都可分為兩類：一類是可變的，我們可以通過自身的努力，使之轉化為有利的條件；一類是無法改變的，無論我們付出何種努力，也無法改變事實。當我們面對後者時，就得認清事實，以積極的態度接受，然後去坦然適應。

俄國詩人普希金說：「一切都是暫時，一切都會消逝，讓失去的變為可愛。」一在現實生活中，常有人抱怨自己身體有病、人際不睦，再不就是缺少金錢、精神苦悶。他們只看到生活中不好的那一面，卻不願意將自己的看法改變一下，去關注生活中好的那一面。

王安電腦公司曾在《財星》雜誌一九八八年世界五百大企業排名中名列其中。創立者王安更是當時全美第五大富豪。他還是第一個進入美國「名人堂」的亞裔科學家。

王安公司發展如此迅猛，令人咋舌，但它隕落的速度之快，更讓人吃驚。當所有的電腦商都按IBM制定的行業標準開發電腦時，王安卻堅持生產該公司制式的電腦設備，堅決與IBM的產品不相容。許多客戶在選用王安產品的同時，大量使用IBM的產品，不相容給他們帶來極大的不便。

最終，他為自己的堅持吞下了苦果。到一九九〇年，王安公司的銷售額急劇下降，公司的股票從最高時每股四二．五美元降至三．七五美元，市場價值從五十六億美元降至不足一億美元。各地的王安子公司被大量拍賣、併購或破產。

當事實已經無力挽回的時候，我們要學會去適應和接受，一味抗拒只會讓自己受到更大的傷害。一場大火燒光了愛迪生的所有設備和成果，但愛迪生卻說：「大火把我們的錯誤全部都燒光了，現在我們可以重新開始。」任何人做任何事情，都不可能一帆風順。因此，我們要正視現實。一旦情勢逆轉，就要將重點放在如何全身而退。

當事實的發展不利於己，而自己又無法扭轉局面時，如果仍然一意孤行，不接受事實，其結果只能走向更大的失敗。對於已經出現的失敗或者錯誤，我們要坦然接受，能斷就斷；因為挽救所花費的精力往往只會讓你得不償失。

別把時間浪費在猶豫上

很多時候，我們抱怨完條件不好後，就開始猶豫起是否要繼續做下去。其實，抱怨只能發洩情緒，猶豫只能拖延時間。如果想讓事情朝著希望的方向發展，就應該要即時去做。一旦決定要做了的事情，不管狀況如何，都應立刻動手去做；這比抱怨有用得多，不僅省去了時間和精力，更可以解除自己負面情緒的包袱。

如果你能即時處理，就能減去很多包袱，比如：有信件，你最好看完後立即動手回覆，如果拖延個幾天才寫，就得再花一些工夫重新確認內容。很多時候，腦海中出現的想法往往是一閃而逝，應該馬上動手。

雖然有些事情的確需要深思熟慮，也有些事情是需要考慮狀況才能處理，但立即動手往往是最佳策略。很多人都有著愛抱怨、習慣拖拉的壞毛病，本來可以隨手處理的事，卻拖得幾天幾週都辦不了。殊不知，被你抱怨、拖延的事情，將來需要花你更多的時間才能解決。

有一個美國商人看中一個印度商人的三幅畫，願以每幅二百美元的價格將全部買下，而印度商人卻要價每幅二百五十美元。美國商人猶豫了，嘴上嘟噥著畫太貴。印度商人一聽，二話不說，一把火就將其中一幅給燒了。美國商人大驚失色，連忙表示願以每幅二百五十美元的價格買剩下的兩幅畫。

可是，印度商人卻又獅子大開口，每幅要價四百美元。美國商人再次猶豫起來，於是印度商人當下又燒掉了另一幅畫。最後，只剩下一幅畫了。美國商人再也不敢猶豫，馬上表示願以高價買下這幅畫。最終印度商人以九百美元將最後一幅畫賣給美國商人。

最開始的價格，三幅畫加起來才七百五十美元，但美國商人總是抱怨太貴。結果，他的猶豫不定和優柔寡斷，最後輸給了果斷的印度商人。

在現實生活中，無論什麼時候，最好是「決定了就去做」，不要為那些不盡滿意的地方而猶豫。

有份針對兩千五百名事業失敗者的調查報告顯示，他們失敗的原因雖然很多，但遲疑不決、該出手時不出手，是最主要的失敗原因；相對於此，另一份分析數百名成功企業家的報告顯示，每一個成功者都有迅速下定決心的個性。從中我們可以看出，失敗的人有個共通的特性，就是遇事遲疑、猶豫再三，就算是終於下定了決心，也是怕這怕那、拖泥帶水，一點也不乾脆俐落。

很多人總被無足輕重的阻礙拖延了時間，他們上班遲到、搭車誤點，遇到事情不敢去做，因此失去了很多機會。我們必須養成迅速處理的習慣。不管遇到什麼問題，只要決定去做的事，就要毫不猶豫、毫不拖延地去做。這樣才能幫你贏得更多的時間，讓你有充足的時間去真正的處理事情。

有兩個人趁母狼不在，從狼窩中抓了兩隻小狼。但他們還沒有來得及逃跑，母狼就回來了。於是，這兩個人迅速帶著小狼分別爬上一棵樹。母狼拿他們沒辦法，只好守在樹下。兩個人都非常著急，尋找著逃生的辦法。

終於，有一個人靈機一動，想出了辦法。他掐住小狼的耳朵，讓小狼慘叫。這下子，母狼立刻跑到他的樹下咆哮，啃咬著樹幹；接著，他停下手，要另一個人也這麼做。於是母狼又跑到另一邊去刨抓著樹幹。就這樣，來來回回數次後，母狼竟然被他們活活累死在樹下。

如果母狼毫不猶豫地啃咬同一棵樹，或許至少能救到一隻小狼。但由於牠的猶豫不決、徘徊不定，因此最後才造成了這樣的悲劇。

該下的決定、該做的處理，都應該果斷地決定，不拖延的去做，不要讓猶豫害了你。即使因此犯了錯，也才有足夠的時間去彌補。那些膽小狐疑的人只會抱怨、拖延，不能立即去做，因此永遠也成就不了什麼大事。

看一看自己手上有沒有未完成的工作，如果有的話，那就立刻把他們整理一下，當下就開始去完成它們；同時也儘快去清理掉那些不需要做的事情。如此一來，你才能開始感到輕鬆。即時處理，可以影響到你各方面的生活，它能幫助你去做你所不想做而又必須做的事，也能幫助你去做那些你想做的事。

下定決心，立即行動

現代社會是一個行動社會，時間就是金錢、效率就是生命。不管做什麼事都要注重效率，切忌拖拖拉拉，能用一分鐘做完的事情，絕不用兩分鐘。很多人都習慣說：「這件事不著急，明天再做也不遲。」結果推來推去，到最後也沒有解決。如果你不想每天都在後悔，就不要找任何藉口拖延，下定決心，現在立刻行動。

俗話說：「說一尺不如行一寸。」任何計畫最終都要落實到行動上，只有行動才能縮短自己與目標之間的距離，才能把理想變為現實。做好每件事，既要心動，更要行動。只會想，只會看，不付諸行動，任何事情都不可能做好。

美國有一名保險推銷員名叫做蒙里．史韋齊。他非常喜歡打獵和釣魚，最喜歡的生活是帶著釣魚竿和獵槍步行幾十里路，活躍在森林裡。雖然精疲力竭，滿身污泥卻快樂無比。但是，他的喜好給他的工作帶來很大的不便。他花在打獵和釣魚上的時間太多了。

有一天，當他依依不捨地離開心愛的鱸魚湖，準備打道回府時，卻突然有了個主意：在這荒山野地裡，會不會也有居民需要保險？如果有人需要，那我就可以邊工作邊享受我的愛好了！

調查之後，他發現在沿線五百里各段路軌的附近居住著一些阿拉斯加鐵路公司的員工，還有很多獵人、淘金者。於是，他沒有猶豫，立即整理行裝前往阿拉斯加的「西湖」。他沿著鐵路走了好幾趟，漸漸地，成為了那些與世隔絕的家庭最歡迎的人，成為了「外面世界」的代表。不但如此，他還學會理髮，替當地人免費服務；無師自通地學會烹飪，為那些單身的獵人、淘金者提供了罐頭食品和醃肉以外的美食，他的手藝使他變成最受歡迎的貴客。

就這樣，他逐步打開了推銷之門，一年之內就做成百萬生意；同時，他也實現了自己的夢想，徜徉於山野之間，娛樂與工作並行，過著最喜歡的生活。

在任何一個領域裡，不努力行動的人都不會有任何收穫。就連兇猛的老虎要想捕捉一隻弱小的兔子，也必須全力以赴；如果不行動、不努力，老虎連兔子都抓不到。想要成就大事，光有想法是不夠的，重要的是有決心，並且立即行動。

在現代社會裡，講究的是效率。只有迅速行動，直接進入主題，乾淨俐落地解決我們遇到的問題，才能有更大的收穫空間。行動和決心，只要掌握了這兩點，不管做什麼，都能克服困難，達到目標。

肯德基創始人桑德斯，是在六十五歲高齡時創辦了肯德基。當時，他身無分文，而且孤身一人，只能靠微薄的救濟金來維持生活。但是，他心平氣和地問自己：「我還能為人們提供什麼幫助？」他苦思一番後，終於想到了自己最與眾不同的地方：一份大受歡迎的炸雞秘方——如果能把這份炸雞秘方賣給餐館，餐館就會生意興隆，而他也會有不錯的收入。

想好後，桑德斯立即付諸行動。他挨家挨戶地前往餐館兜售自己的秘方：「我有一份很好的炸雞秘方，如果你們能採用，你們的生意一定會更好，而我則從增加的營業額裡抽成。」但一切並不是那麼順利，他遭遇了無數次的拒絕，甚至還有人當面嘲笑他：「要是你有這麼好的秘方，你怎麼還這麼窮？」

不過，這並沒有影響到桑德斯的決心，他反倒更用心地修改自己的說詞，以更有效的方法去說服下一家餐館。兩年過去了，他的足跡遍及美國的每一個角落，最後他的點子才終於被接受——在他聽到第一聲「同意」之前，他整整被拒絕了一千○九次。

很多人之所以失敗，一個重要的原因就是由於他們辦事經常性地拖延，不能迅速解決。而這些行動在事業上往往是致命的，許多有利的商機都在遲疑不決、優柔寡斷、左思右想中失去。因此，想法一旦產生，就要立即行動。

比爾·蓋茲說：「想做的事情，立刻去做！當『立刻去做』從潛意識裡浮現時，立即付諸行動。」世界上最難的事並不是人們做不到，而是人們沒有下決心去做。行動起來，就要事事搶先、速度第一、絕不拖延，用最小的力量換取最大的回報。

今日事今日畢

班傑明．富蘭克林說：「千萬不要把今天能做的事留到明天。」

很多人都習慣於做事往後拖延一步，總想在行動之前先享受一下最後的空閒。而且在休息之後還想繼續休息，直到期限已滿行動也未必開始，結果當然老是失敗。

可能很多人都遇過這樣的情況：好不容易下定決心要克服賴床的習慣，但當第二天鬧鐘準時一響，他卻會立刻把它按掉，接著安慰自己道：「最後一次吧，明天我再按時起床好了。」結果，又再找藉口，又有了一次拖延，於是永遠有數不完的第二次。

大陸知名作者畢淑敏在《女人什麼時候開始享受》中寫道：

抱著嬰兒，煮著牛奶，洗著衣物，女人用沾滿肥皂泡的手抹抹頭上的汗水說，現在孩子還小，等孩子長大了，我就可以好好地享受享受了……

孩子漸漸地大了，要上幼稚園。女人挽著孩子，買菜做飯，還要在工作上做得出色，女人忙得昏天黑地，忘記了日月星辰……

不要緊，等孩子上了學就好了，鬆口氣，就能享受了……女人們說。她們不知道皺紋已爬上臉龐。

孩子終於開始讀書了，女人陷入了更大的忙碌之中。要把孩子培育成一個優秀的人。

女人這樣想著，陀螺似地轉動在工作、家、學校、市場和各種各樣的兒童培訓班裡……孩子和丈夫是龐大的銀河系，女人是行星。

我什麼時候才能無牽無掛地享受一下呢？在沒有月亮的夜晚，女人吃力地伸展自己酸痛的筋骨，這樣問自己。

哦，堅持住，就會好的。等到孩子大了，上了大學或有了工作，一切就會好的。到那個時候，我可以好好地享受一下了……女人這樣對自己允諾。

時間抽走女人的美貌和力量，用皺紋和遲鈍填充留下的黑洞。

孩子大了，飛出鴿巢。僅剩舊日的羽毛與母親做伴。

女人歎息著，現在，她終於有時間享受一下了。可惜她的牙齒已經鬆動，無法嚼碎堅果。她的眼睛已經昏花，再也分不清美麗的顏色。她的耳鼓已經朦朧，辨不明悦耳音響的差別……

於是女人恍惚覺得時光倒流了，她又開始無盡的操勞……出去的孩子又回來了，帶回一個更小的孩子。

也許事情真的很多，但不要期待明天會有時間。很多人對明天總是抱有太多的期待，總是把一些事情一拖再拖，卻忘記了明天還有明天的事情。

如果你今天想到什麼，那就去做，千萬不要拖拉。只有這樣，你才能給自己留下一點空間，讓自己有足夠的時間去享受生活。

很多事情都是有時限的，到了明天，還會有明天的不如意。俗話說：「明日復明日，明日何其多。」如果你把事情留到明天去做，你會發現這將是遙遙無期，你只是在等待失敗。

不要給自己留退路、找藉口，說什麼「明天還有機會」、「明天時間比較充裕」。

在制定好計畫以後，你唯一的選擇就是立即行動。只有立即行動，你才能保持熱情和鬥志，提高辦事的效率。如果一味拖延，只會消耗你的熱情和鬥志。這跟古代作戰是一個道理，兵家就講究「一鼓作氣」，防止「一而再，再而衰，三而竭」。

英國著名的《帕金森定律》一書中，有一段生動的描述：

「一位閒來無事的老太太為了給遠方的外甥女寄張明信片，可以足足花上一整天的工夫。找明信片要一個鐘頭，找眼鏡又一個鐘頭，查地址花掉半個鐘頭，寫文章用了一個鐘頭零一刻。然後，在前往鄰街的郵筒前考慮著究竟要不要帶雨傘出門，又花掉了二十分鐘。結果，一個效率高的人用三分鐘可以辦完的事，她卻花掉了整整一天的時間，還把自己累得半死。而最後的結果卻是郵局關門了，只能明天再寄。」

本來今天可以完成的事情，為什麼要花時間在一些無關緊要的事情上呢？直接處理，這件事就比較容易完成；拖到明天，只代表你做事沒有效率，也會讓你更加忙碌。

抓住現在的時間，做好今天的事，完成之後，讓自己好好休息，這就是完美的一天。不管是忙碌還是休息，都不要留到明天。

明天是尚未兌現的支票，只有今天才是現金；與其等到明天，不如今天就準備好一切，這樣一來，你的每一天才會充滿效率。

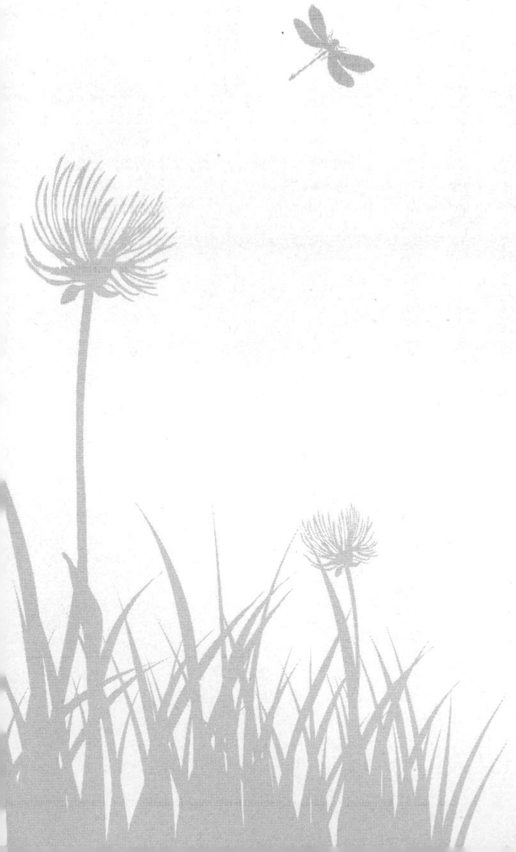

精力集中，效率倍增

面對繁雜的工作，要想把工作做好，最好的方法就是養成專注的習慣。猶如沙漏裡一次通過一粒沙，雖然很慢，但永遠不會堵塞。卡萊爾說過：「即使最弱的人，集中其精力於一個確定的目標，也能有所成就。反之，最強的人，分心於太多事務，也可能一無所成。」集中精力的人能藉由集中時間、人力、物力，而得以在極短時間內集中突破，在時間上獲得勝利。

在所有時間管理的原則中，最基本的一條就是專注。精力一旦集中，效率立即倍增。盡可能不要同時做兩件或兩件以上的事情，否則，你花的時間再多，也很容易使自己一事無成。運動員是否專注，直接影響到競賽成績；同樣，在工作中是否專注，也決定你在工作上的效率。

紐約曼哈頓的中央車站可以說是世界上人口流動密度最大的地方之一。這裡人潮湧動，匆忙的旅客都爭相詢問自己的問題，每個人都希望能夠馬上得到答案。對於車站服務台的工作人員來說，工作的緊張與壓力可想而知。但事實上卻並非如此，很多人發現，那些工作人員總能應付自如。

工作人員的面前，是一位肥胖的婦女，臉上的汗水不停地往下流，因為對列車時間不清楚，這位婦女顯得十分焦躁。工作人員傾斜著上半身，以便能更好地傾聽她的聲音。「您好，您想詢問什麼？」他把頭抬高，集中精神看著這位婦人，接著說道：「您要到哪裡去？」

此時，有一位手提皮箱、頭戴禮帽的男子試圖插入這個對話之中。但是，這位服務人員卻視若無睹，繼續和這位婦人說話：「那班車將在十五分鐘之內到達第二月臺。您不用跑，時間還來得及。」等那位女士轉身離開之後，這位服務人員才將注意力移到那位戴帽子的男士身上。

沒過多久，剛才那位婦女又汗流浹背地回來問這位服務員：「你剛才是說第二月臺嗎？」這次，這位服務人員卻把精神都集中在那位戴禮帽的男士身上，在回答完那位男士的提問後，才答覆了胖太太的問題。

有人問那位服務人員：「面對這樣眾多的提問和急躁的旅客，你是怎樣保持冷靜的呢？」服務人員這樣回答：「我並沒有和所有旅客打交道，我每次只專注於一位旅客。忙完一位，才換下一位。儘管一次只服務一位旅客，卻一定要讓這位旅客滿意。」

當你全心全意地投入工作時，你的效率自然會不斷提高。有的人總是希望一箭雙鵰，這是不現實的，因為一個人的精力畢竟有限。如果將精力同時分散到幾件事情上，難免會顧此失彼。要想有效地解決問題，就應該盡可能地讓每件事情一次到位，將注意力一次只放到一件事情上。

一次只解決一件事，並不是忽略其他事情，而是以專注的精神，循序漸進地完成任務。只有這樣，才能在繁雜混亂的工作中，保持清醒冷靜的頭腦，才不會因為事務繁雜，理不出頭緒而顧此失彼，最終造成效率低下的情況。

一八三二年，達爾文跟隨貝格爾號停泊在大西洋佛德角群島的聖地牙哥島，達爾文及其助手也出去搜集礦物標本。達爾文工作起來非常專注，他的背包裡裝滿各式各樣的石頭，累得他滿頭大汗。但他絲毫不覺得重，完全沉浸在喜悅之中。

在路過一片樹林的時候，他發現，在將要脫下的樹皮上有蟲子在動。此刻，他就像哥倫布發現了新大陸，急忙剝開樹皮，捉出兩隻奇特的甲蟲，興奮地把它們抓在手裡仔細觀察。正在這時，樹皮裡又跳出了另一隻甲蟲，但是他的兩隻手已經沒有空間了，於是他連忙把手中的一隻甲蟲塞進嘴裡，騰出手再去捉第三隻甲蟲。

達爾文專注於觀察甲蟲，居然把嘴裡的那隻甲蟲忘記了，直到那隻甲蟲釋放出一股毒辣的汁液讓他的舌頭感到又麻又痛，他這才從那種忘我的興奮中想起嘴裡還有一隻甲蟲，連忙吐了出來。正是這份專注，造就了他的偉大成就。

如果一個人無法把關注的精神集中，或者無法把目標以外的事務驅逐於腦外，他就很難做成任何事情。所以，無論你在做什麼，除了正在做的這件事情之外，別的事情什麼都不要去想。

歌德說過：「一個人不能同時騎兩匹馬，騎上這匹馬就會丟掉那匹馬。聰明的人會把分散精神的要求置之度外，一次只專心致志地做一件事，並且一定把它做好。」要提高辦事效率，我們就必須集中精神。每天早晨，無論即將面臨什麼任務，你都要清楚而堅定地告訴自己，你將全力以赴地投入這項工作，摒除一切干擾，決不三心二意。

積極正面，讓一切都變成可能

一個人不管做什麼，一定都要保持積極的情緒。如果你始終認為自己成不了大事，你就真的做不成任何事。積極的情緒能夠事半功倍，消極的情緒則恰恰相反。如果你總能抱持著積極的情緒，你就會積極地努力，不斷地提高效率。

潛意識大師博恩．崔西曾經說：「潛意識的力量比意識的力量大三萬倍以上。」思維的態度決定做事的高度。一個玻璃杯，裝了半杯水，積極的人會說玻璃杯是半滿的，而消極的人則說玻璃杯是半空的；積極的人做起事來總是能夠看到無數可能性，而消極的人做起事來總是覺得沒有希望。對於心態積極的人來說，相信會有什麼結果，就可能有什麼結果。

達美樂是世界第二大披薩連鎖集團，其創始人湯姆．莫納根四歲的時候父親就不在了。母親為了生活，先是把他和弟弟寄養在一個德國人那裡，後來又把他們送進孤兒院。而且因為經濟原因，湯姆也沒讀完學業就退學了。

一九六〇年，湯姆和弟弟一起借錢買下了一家快倒閉的披薩店。不久，弟弟因為覺得辛苦就放棄了自己的股份，只拿走了送貨用的那輛汽車。雖然沒有了送貨的車，但湯姆依然積極地經營著。他決定和一個提供免費家庭送餐服務的人合作，由對方投資，利潤平分。不久，他們就開了兩家分店和一家餐廳。

但是，湯姆始終沒有看到合夥人的投資，而且合夥人不斷從生意裡撈取好處。不過，湯姆認為需要這個人的經驗，只能繼續合作。兩年後，湯姆與這個合夥人解除了合作關係，但這人卻在此時宣佈破產。按照法律，湯姆要承擔七．五萬美元的債務！他失去了所有。為了償還，湯姆更加辛苦地工作。但是，災難又來了，一場火災不僅燒毀了店鋪，還燒毀了帳冊，湯姆幾乎破產。但他沒有灰心喪志，仍然保持積極的情緒工作。

一年半之後，他就擁有了十二家披薩店。只是隨著規模越來越大，達美樂再度陷入財政危機，破產的威脅又再度降臨。為了解決問題，湯姆不得不將部分股份賣給銀行，並且找人合作。雖然他因此失去了公司的控制權，不過積極的湯姆依然努力工作。十個月後，又再度重新接管公司，讓生意再一次的攀上巔峰。他積極的思維方式，讓事業多次死裡回生，最後，終於成為了世界第二大的連鎖店。

克里曼．斯通是美國聯合保險公司董事長，是全美乃至整個歐美商業界享有盛名的大企業家。有人問斯通如何才能像他這樣成功，斯通說：「你隨身帶著一個看不見的法寶，這個法寶的一邊裝飾著四個字『積極心態』，另一邊也裝飾著四個字『消極心態』。」積極的情緒能讓你思維開闊，即便遇到阻礙，也能很快找到解決的辦法；消極的情緒則會給你帶來不必要的麻煩，將小問題變成大問題。

每個人都希望自己一帆風順，可現實總是不如人意。於是，悲觀、失望等消極情緒就在心中蔓延、滋生。其實，只要坦然面對，積極地尋求走出困境的方法，沒有什麼是不可能完成的——積極的情緒，是我們完成任何困難的利器。

有一個積極樂觀的猶太人，因惹惱國王而被判了死刑。這個猶太人向國王請求饒命，他說：「只要給我一年的時間，我就能使國王最心愛的馬飛上天。假如一年過後，馬兒仍然不能翱翔天空，我就願意被處死刑而毫無怨言。」國王答應了他的請求。

於是這個猶太人被關進了監獄，而他並沒有因為即將到來的死亡而憂慮，而是非常享受當下的生活。

他的朋友非常擔憂，對他說：「你不要信口開河好不好，馬兒怎麼能飛上天空呢？」

這個猶太人回答：「在這一年之內，也許國王會死，也許我自己會病死，還說不定死的是那匹馬。總之，在這一年裡，誰知道會發生什麼事呢？再說，只要有一年的時間，說不定馬兒真能飛上天！而且如果一切都還是老樣子，我至少也多活了一年！」

為什麼有些人不管多難的問題都能解決，而有些人不管面臨多麼簡單的問題都無法解決？因為前者往往以積極的心態去做事，而後者通常以消極的態度去做事。要知道，情緒不同，所看到的景色就會大不相同。那些做事有效率的人總是利用積極的心態去支配自己，用積極的心態去面對一切阻礙和困難。他們始終積極地思考，用積極的情緒讓自己達到目標。

亞洲首富李嘉誠說過：「把苦難看成是上天的考驗，凡事樂觀以對。樂觀是遠離失敗唯一的靈丹妙藥。」

當你覺得一件事無法完成的時候，那麼再簡單的事情你也完成不了；當你覺得一件事很簡單的時候，再困難的事情你也能夠順利完成。所以，只要保持積極的情緒，你就沒有什麼做不到的。

最好的工作方法是什麼？

每個人在一天中，清醒的時間是十六個小時，工作就占了超過一半的的九個多小時。如果工作是痛苦的，那你在人生就會有一半的時間是痛苦的。聰明的人會熱愛自己的工作，讓工作時的心情快樂起來，而不是把工作當成做苦役。熱情是成就一切的前提，效率高低往往取決於做事的決心和熱情，只要時刻保持積極快樂的心情工作，任何苦難都將迎刃而解。

馬克．吐溫說過：「成功的秘訣，是把工作視為休閒。」那些沒有工作熱情的人，每天早上醒來，第一個想到的就是，痛苦的一天又開始了——他們無精打采地開始做事，結果做不好一件事；等熬到了下班，雖然高興，不過仍抱怨著自己的工作。如此週而復始，毫無快樂可言，離效率當然更是搭不上邊了。

有人曾做過一個調查，問題是：去全世界最美的海灘度假，美女美酒，想要什麼就有什麼，但不許工作，沒有電腦，沒有手機，你能待多久？企業大老闆們一致的答案是：「一週就非常享受，但超過一個月可能會發瘋。」；而普通人卻會笑著說：「我願意待一輩子。」

IBM前總裁巴克．羅傑斯說過：「我們不能把工作看作是為了五斗米折腰的事情，必須從工作中獲得更多的意義才行。」我們要熱愛自己的工作，從工作中找到樂趣和成就。只要用這種積極的態度投入工作，你就可以發現，再困難的事情其實也並沒什麼大不了的。

在工作中給自己訂定一個一般人難以逾越的目標，並通過不懈地努力來達成它。如此一來，將會帶給我們巨大的成就感，也讓我們得以在同業中脫穎而出。這是一種樂趣，會給你帶來一種一般人永遠無法懂得的幸福感。

佛光禪師是中國歷史上有名的禪宗大師，他的弟子大智出外參學二十年，歸來後問候老師：「這二十年來，您老還好嗎？」佛光道：「很好！很好！講學、說法、著作、寫經，每天在法海裡泛遊，世上沒有比這更欣悅的生活了。」

大智還聽師弟們說，每天一早，佛光禪師就起來誦經。白天，總是不厭其煩地對一批批前來禮佛的信眾講說佛法。晚上，回到禪房，不是批閱徒弟們的心得報告，便是擬定信徒的教材。每天就是這麼忙，每天總有忙不完的事。

大智關心地問佛光道：「老師！您每天的生活這麼忙，不覺得老了嗎？」佛光笑呵呵地回答：「我每天這麼忙，哪裡有時間老呢？」

孔子說過：「其為人也，發憤忘食，樂以忘憂，不知老之將至。」日復一日地忙於平凡的工作，而且樂此不疲，卻能讓人內心滿足。如果你愛上了自己的工作，無論多麼忙碌，你也能做好自己的工作。

愛迪生七十五歲時仍到實驗室上班，有人問他打算什麼時候退休，愛迪生說：「我忙得沒時間考慮這個問題呢！」

很多人都有這樣切身的感受，一旦忙於工作，雖然身體很累，心裡卻是快樂的。忙完一個目標或者一個專案之後，內心的那種成就感很是讓人驕傲。

愛上自己的工作，把工作當成一種樂趣，證明自己還有能力去做，證明自己還在努力地完成每一件事。樂於工作能帶給人激情，減少人們的抱怨，能夠提高辦事效率，並讓你始終保持愉悅的心情、積極地投入工作。

5
Chapter

避開那些吃力不討好的陷阱

人離不開人，不論是正面的、負面的，
在職場生活上我們都必定會與人接觸。
幫忙、憤怒、自傲、無力，這些情緒與作為，
都是我們在工作中必定會遇到的障礙與難題。
要如何面對？如何處理？
除了管理好自己的工作習慣外，
你也要開始學習處理人與人之間的交際習慣了。

學會計算事情的成本與效益

人的時間和精力都是有限的，我們都希望用最少的時間做最多的事情，得到最大的收穫。就像做投資之前，必須估算一下收益。

對於那些不能給自己帶來收益或者沒有價值的事，又或者付出和收益不成比例的事，就不要搶著去做。富比士二世說：「不要做自己的奴隸，不是每件事都必須做。」很多時候，並不是說完成了所有的事情，就能有所收穫。其實，只要把最有價值的事情做好，就能達到目的。

時間管理專家尤金．葛里斯曼曾經是大學院校的系主任。有一次，他收到一個全國性的科學機構邀請，要在年度會議上發表論文。葛里斯曼當下以為這是一場全國性的演講，於是在爽快答應後，就花費了很多時間查閱資料來準備這篇論文。

但是，當他參加了那場年度會議之後，他卻發現自己受騙了。出席會議的只有參與這個計畫的幾個人，並不是什麼全國性的重要會議，而葛里斯曼卻為此浪費了太多的時間。從此以後，他便下定決心不再輕易答應任何事情。

不久，這個機構又請他將當時發表的內容寫成一篇論文，刊登在他們的期刊上，他毫不猶豫地拒絕了。但是，他的許多同事卻對此異常熱心，規規矩矩地將這些活動列在他們的履歷表上，年復一年地寫論文發表。但事實上，他們的論文根本就沒有人看，也不會給他們帶來任何名望。

很多人認為，自己做一些無關緊要的事情總比什麼都不做好。實際上，如果一個人總是把自己的時間和精力花費在沒有價值的事情上，他不僅毫無收穫，而且也沒時間去做一些真正更有價值的事。

所以，在你做事之前，一定要辨別這件事有沒有價值？值不值得花費時間和精力去做？

首先，不值得做的事會讓你誤以為自己完成了某些事情，但對你沒有任何積極影響。不要以為這些無關緊要的事情會給你帶來什麼，你只是白費力氣罷了。

其次，不值得做的事會消耗時間與精力。你做任何一件事都會消耗一定的資源，因為這些資源不能再用在其他的事情上。不值得做的事所消耗的每一項資源都是浪費，何不把它們用在其他有用的事情上呢？

第三，不值得做的事會賦予自身合理性。韋伯說：一項活動的單純規律性會逐漸演變為必然性。不值得做的事情永遠不會消失，因為它們必然和一些問題有所聯繫。大多數人會逐漸對此習以為常，並且將時間都花在白費功夫的事情上。

美國著名劇作家尼爾．西蒙在決定是否將一個構想寫成劇本前，都會問自己：「假如寫這個劇本，我需要讓每一段都儘量保持故事的原則性，同時還能將劇本和其中的角色發揮得淋漓盡致。那麼這個劇本將會有多好？」答案如果是「這會是一個好劇本，但需花費很長的時間」，西蒙就不會寫。因為他覺得在這些時間裡自己可以寫出更多的好劇本，不必把時間全部浪費在一個劇本上頭。

尼爾．西蒙從來不會花時間去寫那些他覺得價值不大的劇本，因為這是浪費時間，而且會影響他的水準——很多作家總是霍盡生命地寫，但卻從來不考慮作品可能的價值，所以這些人往往默默無名，或是在生前得不到重視——尼爾．西蒙正因為和他們有如此不同的區別，於是才成為了受人追捧的著名劇作家。

在做事情的時候，一定要瞭解它對自己的價值。如果需要花費你的時間，但又毫無助益，就完全沒有必要去做。要知道，還有很多事情等著我們去做，我們沒有多少時間可以浪費。我們的內心一定要存有一把尺，衡量一下哪些事值得我們去做，哪些事不值得我們去做。

如果一個人做的是一件自己都覺得不值得做的事情，常常就會用一種敷衍了事的態度去對待它，不僅成功率小，就算成功了，也不會有什麼價值和回報。這些不值得做的事就像雞肋一樣，食之無味，棄之可惜，令人猶豫不決，而這種猶豫也是在降低效率。所以，先做那些有價值的事，才會得到更大的回報。

你真的做了好事？

很多時候，我們自以為幫助到了別人，卻從未想過那些受到我們幫助的人們會有怎樣的感受。我們理所當然地認為他們應該感恩戴德，於是愈發喜歡用自己的方式去做好事，但別人真的願意接受我們的好意嗎？還是他們其實一點都不這麼覺得。如果是這樣，雖然對你來說可能沒有多大的損失，但做了好事別人卻不領情，心裡總會不舒服的。

為什麼你幫助了別人，別人卻不感激你呢？這是因為你的方式或許出了問題，例如沒有顧及別人的自尊、沒有顧及別人的面子等。一廂情願地做好事，不僅不一定會得到感激，有時反而會招致怨恨，最後成了白費力氣。

一年夏天，一位鄉下男孩第一次坐火車要到大學報到。他的對面坐了一對要回台北的母子。車廂裡十分悶熱，這個男孩感到口渴難耐，此時傳來乘務員的叫賣聲。

回想起讀高中的時候，他曾看過同學們喝過可樂，但貧窮的他卻從來不曾喝過。由於這次是要去遠方生活，口袋裡多少有了點錢。在猶豫了一陣後，他終於下定決心地買了一罐可樂。不過一拿到可樂，興奮還沒退去，卻又開始感到疑惑了。因為看了半天，他始終找不到可樂的開口，到底要怎麼喝呢？遲疑一會後，這個青年拿出了水果刀，試圖在拉環處撬開，但沒有成功。

就在這時，對面的太太突然對兒子說：「拿罐可樂給媽媽。」小朋友一時不解，說道：「媽媽，你不是才剛喝完，怎麼又渴了？」太太沒多做解釋，只說：「快點，聽話！」

拿到可樂後，這位太太一邊用眼睛盯住拉環，一邊用餘光注意著年輕人。只聽「砰～嘶」的一聲，她手中的可樂打開了。但她沒有喝，因為她確實不渴。但接著，「砰～嘶」的一聲，青年手中的可樂也打開了。此時，他對這位太太充滿了感激。

有時候，我們大張旗鼓的幫忙，四下張揚，卻只讓對方覺得受到了污辱；而有的時候，我們只是提供了一些簡單的幫助，甚至只是順手而為，卻得到了他人的感激。這就是不同方式所造成的區別。選擇正確的方式去幫助別人，是一種高深的藝術。

在你幫助別人的時候，一定要注意到別人的感受和需求，千萬不要傷害到他人的面子、自尊。否則雖然你確實為別人解決了問題，但卻也讓人感到尷尬。於是，幫助變成了施捨，好事變成了壞事，你的付出也得不到任何回報。

有一名只有一隻手的乞丐來到寺院乞討，寺院的方丈並沒有施捨他什麼，而是要求他把一些磚搬到院子的另一邊。乞丐很生氣，說：「我只有一隻手，你這是要戲弄我嗎？」方丈沒有說話，而是拿出幾個銅錢丟在地上，說：「你能撿起地上的錢吧，為什麼不能搬動這些磚呢？」

乞丐沒有說話，也沒有去撿地上的錢，而是開始搬磚，直到晚上，乞丐才搬完全部的磚。方丈很守信用，給了乞丐一筆不菲的工錢。乞丐離開後，方丈的徒弟問他：「這些磚放在哪裡有什麼區別嗎？」方丈搖了搖頭，沒有說話。

沒過幾年，那名一隻手殘廢的乞丐又回到寺院。現在，他已經成為一名小商人，生活也過得非常不錯。他向寺院捐贈了一筆錢，為的是感激當初方丈沒有直接施捨他，而是教會了他如何生存。

不要以為幫助了弱者，他們就應該把我們當成救世主來膜拜。其實，我們忽略了極為重要的一點——那就是「平等」。對於弱者，我們可以同情，可以幫助，但不能把幫助當成一種施捨，這樣只會傷害到他人的自尊心。

做好事並沒有什麼錯，但不能讓對方在物質上得到滿足後，卻失去了人格和尊嚴。在幫助別人的同時，也應該要考慮到被幫助者的心理感受，這樣的幫助才能為你帶來收穫。

不要輕言允諾

有些人總是鄉愿，老喜歡隨口就答應別人的要求，結果經過一番努力，卻往往無法兌現承諾。這樣的人不僅無法得到別人的感激，可能還會給別人留下「不守信用」的印象，實可謂得不償失。答應別人一件事，就好比你欠了別人一件事；你完成了，自然是皆大歡喜。但如果你沒有完成或者完成不了，那你的付出就只會帶來負面的回報。所以，凡事一定要三思而行，量力而為。沒有把握，就不要輕易許諾。

有時候，別人提出的要求，我們並沒有把握辦到。這時，要就問題做具體分析，千萬不要過於自信，更不能吹牛；即使是自己能辦的事，也不要馬上答應，因為你原本可以輕鬆做到的事也可能會因時間的推移、環境的變化而增加難度，必須先瞭解情況，再做決定。

任何事情，如果沒有足夠的把握，不要輕言允諾。否則一旦遇上變故，你就會吃力不討好。

有一位學識淵博的教授，可以說是桃李滿天下，他同時還兼任了一間資訊與廣告事務所的經理。一天，一家雜誌社的主編來找這位教授幫忙，因為這家雜誌社有心要搞一個大的宣傳活動以擴大自己的影響力，所以找上了他幫忙，請他協助募集一些資金。

教授詢問後，頻頻點頭道：「嗯，你們的想法很好。就這樣，我願意幫助那些有為的年輕人。」接著，他又滿有把握地許諾說：「我的學生中有不少企業的老闆或是高層主管，他們一向很尊重我，請他們贊助一點廣告，應該不成問題。」

教授的一席話，使主編大喜過望。他連忙動用各種關係，請了很多名人前來捧場。而在主編等著教授送來贊助的款項時，教授忽然就銷聲匿跡了。

後來當有人碰見這位教授，再次提起這件事時，教授歎著氣說：「為了拉贊助，我也是花費了不少唇舌。剛開始每個人也都滿口的答應，但事到臨頭，真要拿錢出來了，就全都變卦了！結果可搞得我裡外不是人！」

任何時候，都不要高估自己的能力，以免嚴重影響你的個人信用。「空頭支票」不僅僅增添他人無謂的麻煩，而且也會損害自己的良好形象。答應幫助他人，那麼結果就不單只是要完成，而且要比他們要求的做得更好才能真正獲得感激；否則，不管付出多少，只要沒有兌現承諾，一切就都是零。

要知道，一旦你許下了承諾，別人就把希望全放在你身上了。一旦做不到，不僅影響你們之間的關係，還耽誤了別人的事情。所以，一定要客觀估價自己的能力範圍。沒有把握的事情，一定不要輕易許諾。

給人承諾時，不要把話說得太滿，以免給人留下虛偽的印象。那麼，該怎樣承諾才不會失去分寸呢？可以根據具體情況採取相應的承諾方式。以下有三種方法可以參考：

①**對沒什麼把握的事情，可採取彈性承諾**

把話說得靈活一些，使之有伸縮的餘地。例如，多使用「盡力而為」、「盡最大努力」、「盡可能」等靈活性較大的字眼。這種承諾能給自己留有迴旋空間。

②**對自己難以獨立解決的問題，應採取隱含前提條件的承諾**

如果你所做的承諾不能單獨完成，還需要請別人幫忙，你在承諾中可帶有一定的限制。

③對時間較長遠的事情，可採取延緩性承諾

有些事情，時間長了，情況會發生諸多變化。可以採用延緩時間的辦法，即把實現承諾結果的時間說長一點，為自己留下實現承諾時創造條件的餘地。

為人處事，應當講究言而有信、行而有果。因此，承諾不可信口開河。明智者會充分地估計客觀條件，盡可能不做那些沒有把握的承諾。一旦有了承諾，就應該努力做到。

沒有把握的事情，只要你能解釋理由，別人就會諒解你；但如果你盲目許諾，卻又無法兌現，別人不僅不會感激你，反而會對你抱有怨言。所以，什麼時候該承諾，什麼時候不該承諾，一定要分清，避免得不償失。

幫忙幫到底，送佛送上天

幫忙要幫到底，幫到一半還不如不幫。因為那只會讓人非常尷尬，而且覺得：「早知道你做不到，就不拜託你了。」但既然現在你已經開始做了，又只做了一半，實在讓人進退兩難。

幫忙幫一半，是最標準的費力不討好。如果你這麼做了，非但沒留下人情，反倒會遭朋友抱怨，並且嚴重影響了你的信譽。幫別人的忙，一定要幫到底，這樣才能為你留下一份人情。

從某種意義上來說，你只幫一半的忙就等於是在妨礙別人。很多事情，進行到一半的事情反而難以處理，一旦放棄就等於前功盡棄；這樣不僅是在浪費別人的時間，而且會引發別人對你的強烈不滿。

趙豐胤是一家製藥廠的經理。某次因為公司急需一批草藥，但分不出運貨的人手，他為此很是苦惱。突然，他想到朋友劉傑賓是物流公司的老闆，便請他幫忙儘快將草藥運過來。傑賓當下就一口答應：「你放心吧，這事包在我身上了。」

劉傑賓也的確指示派車，但雖然車子一去幾天遲遲不歸，可傑賓卻帶著一家人跑去旅遊了。豐胤見遲遲沒有回音卻又找不到人，只能著急的跟熱鍋上的螞蟻一樣不知所措，心中不斷地埋怨傑賓：「要幫忙就幫到底，現在搞了一半卻沒有下文，這不是讓我騎虎難下、找我麻煩嗎？」從那以後，再碰到需要幫忙的地方，趙豐胤再也不敢找劉傑賓了。

另外，所謂幫忙幫到底，可不單指在事情開始之後的實質協助。在一開始答應幫忙時，就應該要表現出大方而豪爽的態度；否則即便最後提供了協助，卻又讓人留下了心不甘、情不願的印象，那也就讓你的人情打了折扣——既然答應了幫忙，就不要幫得勉勉強強。否則，費了心血別人卻又不領情，這何苦呢！

我們幫助別人，也是為了有朝一日希望別人能夠回過來幫助我們。因此，只要答應幫忙，就要付出全力，幫忙幫到底。這樣，給自己留下人情，日後大家也更好往來。

劉園生是一家桃園的建材公司老闆，他的朋友老張最近新開了一家布料工廠。一天，老張找他打了個商量：「布料廠的資金運轉不順，我想向你借點錢，半個月後我一定會歸還。」園生猶豫了一下，對老張說：「我公司每天也需要很多資金，把錢借你，我這邊可能就會出了問題。」

眼見老張神色不悅，園生又覺得過意不去了，於是連忙說道：「不過咱們都是老朋友了，你的事就是我的事，到時你儘快還錢就是了。」最後，園生還是幫了老張的忙，可從那之後，園生就開始隱約感覺到老張對自己有些冷淡，兩人的關係也無法像從前那麼好了。

既然要答應幫助，就沒有什麼好猶豫。與其說一些廢話，還不如痛痛快快地幫忙。在你下決定後，任何猶豫都會讓你的好意大打折扣。

還有一點很重要：不要以幫助朋友為名，四處去炫耀自己。如果你經常提到自己的「好心」，反倒會讓你的朋友背上了負擔；雖然他可能因此會儘快地還你一個人情，但之後就會對你敬而遠之，你也將因此失去一個朋友。

相互幫助是很正常的，不要老想著炫耀自己的仁慈，更不要把這功勞整天掛在嘴邊。即使你幫個大忙，也應該保持冷靜，讓表現一如往常。朋友找你幫忙，就證明你有能力、朋友也相信你，所以用不著炫耀，事情成了，朋友自然就會感激你。

另外，「謙退」也不僅只是表現在不炫耀功勞這點而已，在人情往返的時候也請記得不要太過計較。別人幫你、你幫別人，人情一定要還足、幫忙一定要盡力，朋友之間的賬永遠也算不清。這種相互幫助無疑是朋友之間聯繫的一種紐帶，這也是人情被人們看重的原因。

當然，在幫人的時候也一定要看清楚對象。有時候，幫錯了人反而是好心沒好報。忙要幫，但要權衡利弊，有害的不幫，有弊的少幫；而對於那些值得交往的人，你就要設身處地的為人著想，在他最困難、最需要幫助的時候給予他援手，這樣一來，才能換到十分的感激。

「說教」的心態要不得

有些人總喜歡擺出一副自己比較資深、或是老大模樣的派頭，動不動就對人說教，可往往對方卻不願意接受。這種人屬於典型的吃力不討好類型。

也許有時候你是出於善心而給予別人「指導」，對別人的錯誤無法袖手旁觀；但也許你是自以為是，認為自己才是最正確的。不管如何，這種作法通常在無形中都犯了別人的忌諱，因為沒有人喜歡被別人指手畫腳。你若是喜歡下指導棋、動不動就揭別人的錯，那麼別人非但不會感激你，還只會對你懷有敵意。

北宋大文豪蘇軾也曾犯過這樣的錯。有一次，蘇軾去拜訪當朝宰相王安石，恰逢王安石不在。這時他在王安石的書桌上看到一首還未完成的詩：「西風昨夜過園林，吹落黃花滿地金。」蘇軾便想，菊花開在秋裡，其性屬火、傲秋霜，最能耐久，即使乾枯，應該也不會落瓣，便認為是王安石寫錯了。於是他在後續寫道：

「秋花不比春花落，說與詩人仔細聽。」以此諷刺當朝宰相連菊花的花瓣只會枯乾不會飄落的常識都不懂。

後來，蘇軾遭到貶謫之後，一次在黃州和朋友飲酒賞菊時一陣秋風吹過，菊花的花瓣落了一地。他想起當年留在王安石那裡的兩句詩，才發現原來是自己孤陋寡聞，多管閒事了。在《石鐘山記》中，蘇軾曾言：「事不目見耳聞，而臆斷其有無，可乎？」答案當然是不可，蘇軾以此來告訴自己：不能對旁人妄加猜想，更不要隨意評價他人。

如果你動不動就想指導別人，你得到的多半就只會有敵意；尤其在工作上，這種作為就好比在否定別人，又有誰會領情呢？所以，我們要多以別人為師，而不能好為人師。

沒有人願意承認自己錯了，這是每個人的虛榮心。這個世界上，每個人都能說得一口道理，但誰也不能保證自己的道理絕對正確。隨便對他人「說教」絕對不會是明智之舉。

李雙宇和劉常勝是關係很好的鄰居，而且在同一家公司上班。近來，雙宇剛學會開車，週末的時候他就決定開車出去買點東西，於是常勝也就搭了他的便車。

新手上路總免不了緊張，雙宇戰戰兢兢的開著車，而劉常勝就在一旁兢兢業業的當起了「教練」。他一會兒說「小心！紅燈！」，一會兒又大叫「單行道！單行道！」彷彿常勝自己是個駕駛老手的模樣。但其實，他根本沒學過開車呢。

等好不容易到了目的地，停車卻怎麼也停不進車位，又浪費了許多時間。常勝很煩躁，在一旁碎唸道：「停個車有這麼難嗎？技術太差了！你應該先往前再往後，再轉方向盤。這麼簡單的事都不會，沒見過你這麼笨的！」

一路忍著的雙宇這下終於爆發了，回嘴道：「不會開車就閉嘴，只會在那邊鬼叫有什麼用。東西我不買了，你自己去吧！」常勝這下也火了，甩上門就走，而雙宇也鬱悶地開著車回家了。從此，兩人有了很大的隔閡，連上班遇到也不打招呼了。

動不動就對別人下指導棋，很容易造成你和別人之間的阻礙。如果你非要提出自己的意見不可，就必須建立在以下幾點的基礎上：

①**關係非常密切**

你們關係非常好，基於「合理」而指出別人的錯誤，這樣別人才可能接受你的意見；但事實上，不接受的可能性也是有的。關鍵在於你用什麼樣的語氣去說，一定要和緩婉轉，避免刺激到人。

②**你在別人心裡有一定的地位**

俗話說：「人微言輕」。如果別人向來敬重你，你指出錯誤他就會樂於接受；但如果你在他的心中一點分量都沒有，那麼說再多也是白費力氣。

③**你是別人的長輩或者上級**

基於利害關係，你的意見可能被對方接受；但也不儘然，如果你帶有過多的強迫性，也會招致對方的反感。

孟子說：「人之患在好為人師。」人都有排他性，與其整天想對別人說教而白費力氣，還不如多以人為師，充實自己。當別人真正需要的時候，自然就會前來向你請教了。

何必隨著瘋子起舞

一個情緒失控的人，是無法與人正常交流的，哪怕你說得再有道理，他也不會聽你的。面對情緒失控的人，應選擇冷靜、客觀的態度。要記住，與一個情緒失控的「瘋子」爭辯，是不會有任何結果的，對方愈是衝動、憤怒，你愈是需要冷靜、理智。

挪威著名的音樂家比爾．撒丁，在還沒有成名的時候曾經去過法國，準備報考巴黎音樂學院。儘管他竭力將自己的水準發揮到最佳狀態，但主考官還是沒有選上他。身無分文的他於是只好開始為了生活想辦法，以便等待下次考試的機會。他來到學院外不遠處一條繁華的街上，在一棵榕樹下拉起了手中的琴。他拉了一曲又一曲，吸引了無數行人駐足聆聽，人們也紛紛掏錢放入了琴盒中。

這時，一個無賴故意將錢扔到比爾的腳下。比爾看了看無賴，彎下腰拾起地上的錢遞給無賴說：「先生，您的錢掉了。」無賴接過錢，重新又扔到他的腳下，傲慢地說：「這錢已經是你的了，你必須收下。」比爾再次看了看無賴，真誠地對他說：「先生，謝謝您的資助。剛才您掉了錢，我幫您撿了起來。現在我的錢掉到地上，麻煩您幫我撿起來。」

無賴沒有料到他會這麼說，最終在路人的目光下，他只好撿起地上的錢放入比爾的琴盒，然後灰頭土臉地走了。圍觀者中有一雙眼睛一直默默地關注著比爾，他就是剛才的那位主考官。比爾的氣度深深吸引了他，於是他將比爾重新帶回學院，破例錄取了比爾。

當對方對你不敬時，你如果和他針鋒相對，那就正好上了對方的圈套，他或許正是想激起你的憤怒、讓你失去理智，然後做出錯誤的決定。最好的辦法就是不和他計較，寬容一點，你收穫的不只是好心情，還能避免更多的麻煩，相對地提高了做事的效率。

有一天，一個年輕人無意中遊蕩到大德寺，正遇到一休禪師在講佛法。聽完之後，他異常懊悔，決定痛改前非：「師父！今後我再也不與別人斤斤計較了，即使人家把唾沫吐到我臉上，我也會忍耐地拭去，默默地承受！」

「就讓唾沫自乾吧，別去拂拭！」一休禪師輕聲說道。年輕人聽完，繼續問道：「如果拳頭打過來，又該怎麼辦呢？」禪師笑著回答：「一樣呀！不要太在意！只不過一拳而已。」年輕人覺得這實在無法忍耐，便舉起拳頭朝禪師的頭打去：「現在感覺怎麼樣呢？」

禪師一點兒也沒有生氣，反而關切地說道：「我的頭硬如石頭，可能你的手倒是打痛了！」年輕人無言以對，似乎有所領悟。從那以後，年輕人再也不和別人斤斤計較，總是竭力避免衝突。

如果你和一個瘋子對著吼叫，那你也就變成了瘋子，一個睿智的人從來不會在乎愚蠢之人的挑戰。

一隻野豬突然一心想當森林之王，於是從休息的糞堆裡爬出來，跑到獅子的地盤上向獅子挑戰。而獅子只是看了一眼這隻臭烘烘的豬，轉身就走開了。

對於這無聊透頂的傢伙，獅子連怒吼都免了，實在是聰明之至。

一個聰明的人沒有必要在一個愚蠢的人身上浪費時間和精力。那麼，如果面對一個情緒失控的人，你該怎麼辦？

①躲。本著惹不起躲得起的原則，躲得越遠越好。

②轉移。當你和別人衝突，大冒肝火的時候，請試著將自己的注意力轉移到別的話題或做點其他的事情，如此便可使煩躁的情緒得到緩解。比如，可以用看電影、聽音樂、下棋、散步等輕鬆活動，使緊張情緒放鬆下來。

③釋放。釋放不是讓你和對方互罵，而是去找朋友聊聊天，不要把鬱悶憋在心裡。當你將不良的情緒都發洩出來後，你就不會受到「瘋子」的影響。

④化消極為積極。把對方負面的刺激當成正面的激勵。

⑤用語言自我暗示。在你情緒即將失控的時候，先在心裡輕聲警告自己「冷靜」、「不能發火」、「不要被影響了」來抑制自己的情緒；也可以預先寫上「淡定」、「鎮靜」等便條置於書桌或貼在牆上，隨時提醒自己要控制情緒。

⑥控制與忍耐。這是最重要的一個方法，就是你怎麼罵我也不怕。古人說：「忍一時風平浪靜，退一步海闊天空。」忍耐不是目的，而是策略，小不忍則亂大謀正是這個道理。《三國演義》裡諸葛亮三氣週瑜，如果週瑜的氣量大些，何至於

發出「既生瑜何生亮」的感慨？又何至於被活活氣死？

莎士比亞說：「自我控制是人類與純粹動物的根本區別，不能進行自我控制，就不是真正的人。」

我們要學會控制自己的情緒，提高對壞情緒的免疫力，不要受別人不良情緒的影響。和瘋子針鋒相對可說是一點好處也沒有。

時間不要浪費在報復上

面對別人的傷害，我們應該選擇寬容放手，還是伺機報復？有句話叫做「以牙還牙」，大部分的人出於本能而會選擇報復。可是一旦這樣做，積怨就越來越深，仇恨也將越來越多。最後，不僅傷害了別人，自己也不會得到什麼好處。

阿薩吉奧利曾說：「如果沒有寬恕之心，生命就會被無休止的仇恨和報復所支配。」這也就是我們常說的「冤冤相報何時了」。寬容別人，給予別人機會，結束冤冤相報。如此，你才能在有限的時間裡做更多正確的事。

第二次世界大戰期間，有一支部隊在森林中與敵軍相遇。激戰過後，兩名戰士跟部隊失去了聯繫。兩人在森林中艱難跋涉，互相鼓勵、互相扶持，總算活了下來。但是，十多天過去了，他們仍未與部隊聯繫上。

在食物即將耗盡的時候，他們幸運地打到一隻鹿，但之後的幾天卻沒有其他任何收穫。他們把僅剩的一點鹿肉，小心帶在身上。突然，他們遭遇了敵軍，在一場驚險的追逐後終於來到安全的地方。可就在這個時候，只聽一聲槍響，走在前面的戰士中了一槍。後面的士兵惶恐地跑過來抱著戰友的身體哭個不停，並立刻把自己的襯衣撕下來包紮戰友的傷口。

晚上，未受傷的士兵一直念叨著母親的名字。儘管饑餓難忍，可他們誰也沒有吃身邊的鹿肉，只有神才知道他們是如何熬過來的……。第二天，他們終於聯繫上部隊，兩人都得救了。

三十年後，那位受傷的戰士說：「我知道那一槍是誰開的，他就是我的戰友。但是我原諒他。我知道他想獨吞我身上的鹿肉，他想為了他的母親而活下來。所以我都一直假裝不知道這件事，也從未向他主動提及。只是，他的母親沒有等到他回來，我和他一起祭奠了老人家。就在那一天，他跪下來，請求我原諒他，但我沒讓他說下去。我們又做了幾十年的朋友。」

不管是任何人，都會遇到傷害自己的人和事。這時，生氣是正常的反應，但過度的怨恨並不能給你帶來什麼補償。寬容是「以柔克剛」進而達到「忍一時風平浪靜，退一步海闊天空」的心境，能夠寬容別人，就能得到別人的尊重和幫助。生活中那些既往不咎、不計前嫌的人最懂得寬容，他們能夠在困難中擁有綿綿不絕的力量，處變不驚。

生活中，很多人會為瑣碎小事而耿耿於懷，衝冠一怒，甚至惡語相向。我們雖然恨了別人，罵了別人，甚至打了別人，痛苦的卻是自己，更消磨了自己的精力、時間、以及未來可能的人脈。寬容是一種潛意識中的聰明睿智，放棄了小部分的糟粕，得到了為人處世之精華，這是比怨恨更大的收穫。

有一位老師讓他班上每位同學都帶一個大袋子，並且準備一些馬鈴薯。上課的時候，老師叫大家將曾經得罪過自己而自己又不願意寬容的人的名字寫在馬鈴薯上面，然後裝進袋子裡。

同學們都覺得很好玩，就照著老師說的方法去做。有的同學的袋子裡有很多，也有的同學袋子裡一個都沒有。下課的時候，老師說這將作為下一次考試的成績，每個人無論到哪裡都必須背著袋子。過了幾天，有的同學發現，那袋馬鈴薯已經變成相當沉重的負荷，已經快被壓垮了，都盼望著早日結束這個「特別」的測試。

終於到了下一個星期，老師問同學們：「你們知道自己不肯寬恕別人的結果了嗎？」同學們愕然，都不明白老師的意思，老師接著說：「不原諒別人就會有重量壓在你的肩膀上。你不肯寬恕的人越多，你心裡的擔子就越重。」於是，有人問老師：「那麼，這個負擔要怎麼才能解決呢？」老師只說了兩個字，就是「寬容」。

寬容是對自己或他人在生活、工作、學習中的過失採取適當的「減壓政策」，以防事態擴大或矛盾加劇。一個人最不幸的事，就是永遠背著心靈的包袱。一個人的心胸有多寬廣，他就能贏得多少人心。做到寬容，你就會發現別人對你的報復也從此消失，做起任何事也都比以前順暢。

寬容他人的冒犯，可以收穫無窮；放棄一切報復的決定，需要的是一種巨大的精神力量。

常言道：「水至清則無魚，人至察則無徒。」我們總是希望別人為我們而改變，卻不願意為別人而改變。當我們不能改變別人的時候，不妨試著改變自己。當別人冒犯我們時，最好的辦法就是選擇寬容。這不僅避免了一場「戰爭」，還贏得了更多的收穫。

6
Chapter

學會找幫手，不要把所有事都自己一肩扛

一個人，不可能碰得到天；
但是一群人卻可以建造出直達天際的巴比倫塔。
當你再次說出：「我真的已經盡力了……」的時候，
請你再仔細想想，你，真的盡力了嗎？
你真的動用了所有的資源？你真的尋求了所有的助力？
還是你只是悶著頭做，你只盡了你一個人的力量呢？

你真的已經盡力了嗎？

當我們無法完成一件事情的時候，往往會說：「沒辦法，反正我已經盡力了。」然而，你真的已經盡力了嗎？沒有，其實你還有很多辦法可以用。你口中所謂的「盡力」，只是一種自以為是的「盡力」。憑藉這樣一個藉口，你就奢望可以說服他人原諒自己，甚至說服自己原諒自己？或許這才是真正的問題關鍵。

事實上，世上有很多的事情憑藉自己的力量是無法完成的。如果我們懂得借助他人的力量，很多事情也許就可以輕而易舉地完成。比如說，當你需要一筆銀行貸款的時候，你無法得到，可你有一個在銀行工作的朋友。只要他肯幫忙，這件事情就能不費吹灰之力的達成；但出於面子問題，你因為羞於向他人開口，結果卻造成事情無法完成——這種時候，能說自己已經盡力了嗎？

一個年輕人看到一個小孩正在一個山坡旁玩耍，就對小孩說：「小朋友，我和你玩個遊戲如何？只要你能夠把這塊石頭推到山坡的最上面，我就給你買糖吃。我知道這對你來說很難，但只要你能夠做到，你就可以吃到糖。所以，你一定要用盡全力。」

小孩子高興地答應了。這塊石頭的重量明顯超出了這個孩子的力量範圍，試了好幾次他都沒能挪動。於是，他改成推，石頭果然被推動了。當他推到一半的時候，力氣卻已經用盡，於是石頭又滾了下來。小孩沒有放棄，休息一會之後，他又繼續把石頭往上推。但結果還是一樣，一直都沒能把石頭推上去。

最終，這個小孩筋疲力盡了，喘著氣對年輕人說：「叔叔，我已經盡力了，現在我連一點力氣都沒有了。」年輕人笑著對這孩子說：「你真的已經盡力了嗎？如果你真的已經盡力，為什麼我站在你的旁邊，而且我肯定能夠搬動石頭，但你卻沒有請我幫忙呢？」

世上總是有那麼一批人，他們非常優秀，擁有超出常人的能力；但是他們恃才傲物，看不起週圍的人，更不屑向週圍的人求助。遇到問題時，他們總是努力地去解決。當他們無法解決的時候，他們就聲稱已經「盡力」了，可問題卻依然沒有解

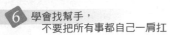

決。這種人，一輩子註定都不可能成功。

在社會分工越來越細的當代社會，每個人的能力都具有一定的侷限性，即使是能力出眾的人也只能在某些領域有所作為。一個舌燦蓮花的業務員，可能缺乏領導組織能力；一個精明的企業家，或許不懂得法律知識……這些都決定了我們不可能單純依靠自己的力量來成就大事。在做事的過程中，我們必然要借助他人的力量，否則就必然困難重重。

然而，現實生活中總是有一些人不喜歡與人合作，於是「三個和尚沒水喝」的故事就一遍又一遍地上演。很多人習慣一個人做事，即使遇到困難也不願意向別人合作，這些人忙忙碌碌地度過每一天，最終卻只是一事無成。

借助他人的能力是一種智慧，世上沒有任何一個人可以憑藉自己的力量獨自完成所有的事情。聰明如諸葛亮者，也因為事必躬親，結果「出師未捷身先死」。如果你不想在自己的人生道路中上演這樣的悲劇，就應該學會借助他人的力量。

陳鵬飛，在竹科任職電腦工程師。由於能力出眾，一年內就被提拔為研發小組組長。然而，小小的成功助長了他的驕傲，他開始喜歡獨自一人工作。

一次，他們研發小組接到一個新的工作。剛開始他想要一個人完成，於是關起門來絞盡腦汁地做，但最後卻什麼都沒做成；等他想要請小組成員幫忙的時候，要求的期限卻已經迫在眉睫，最後工作當然也就無法如期完成了。經過這次的教訓，他意識到單靠自己的力量是無法完成繁重的工作的，和同事的合作是絕對必要的。

從那以後，他開始留心觀察小組內的成員。那些年長的成員，雖然在電腦應用能力上較弱，但有著豐富的研發經驗；而那些年輕人則有著活躍的思維能力和創新能力。鵬飛這才想到，如果把他們的特點結合起來，或者是根據工作的不同而安排合適的人來進行，一定可以收到良好的效果。

從此以往，鵬飛每接到工作，都會先和大家共同商討，讓每個人都提出自己的看法，然後由他進行總結，並照最終的結論分派每個人的任務。在小組成員的共同努力下，一年內他們完成了最多的研發任務，於是鵬飛這個組長受到上司的表揚，而整個小組的成員也都得到了應有的獎勵。

一位哲人曾經說：「你有一個蘋果，我也有一個蘋果，交換後每個人還是一個蘋果；如果你有一種能力，我也有一種能力，兩種能力交換後就不只是一種能力了。」

這就是合作的力量。不要認為與他人合作是別人在占自己的便宜，其實自己也同時在占別人的便宜。通過合作，我們才能完成一個人無法獨立完成的事情，也才能從中得到部分的成果。即便只有部分，但這總比什麼都做不成要好得多。

成功不是一個人的事

美國鋼鐵大王及成功學大師卡內基經過長期研究，得出一個結論：「專業知識在一個人成功的作用中只占15％，其餘的85％則取決於人際關係。」由此可見，一個人能否成功，最重要的不是個人能力有多突出，而是身邊是否有能夠助其成功的人。

的確，個人的能力在成功的道路上很重要，一個庸庸碌碌的人在成功的道路上會特別辛苦。但是，能力強的人也未必都能取得成功，最終混跡山野、流落草莽的英雄數不勝數。他們之所以不能成功，最重要的是他們沒有能夠晉升的機會，而這個機會往往是由他人提供的。說到底，旁人才是決定我們能否成功的最重要的因素。

世上取得成功的人未必都具有超乎常人的能力，但一定都有著很強的交際能力。美國石油大王洛克斐勒說：「我願意付出比得到其他本領更大的代價，來獲取與人相處的本領。」一個人必須要擁有交際能力才可能取得成功。在事業起步的時候，我們需要上級為我們提供機會；當我們逐漸擁有權勢的時候，我們也需要更多的幫手來協助我們完成自己的事業。一切，都建立在良好的交際能力之上。

晚清名臣曾國藩位極人臣，一生榮寵無盡，他的成功正是植基於優秀的人際關係經營。曾國藩出身並不好，而且也算不上是一個聰明的人，但他懂得如何去與人結交。當他考上進士，在京城為官的時候，他就結交了當時的滿清重臣穆彰阿，這個人堪稱是曾國藩的貴人。在他的幫助下，曾國藩十年之內，連續升職，升職速度之快，前所未有。

等到太平天國運動爆發，曾國藩開始組織地方武裝力量——創辦團練。然而，曾國藩是一介文官，胸中並無韜略，於是他曾結交的那些人就成了他最大的助手。湘軍集團裡的左宗棠、李鴻章、沈葆楨、曾國荃等人都是難得的人才，這些人正是湘軍的領軍人物。曾國藩依靠他們的力量，戰勝了太平天國，為他的一生富貴奠定了基礎。

曾國藩的人脈關係網絡錯綜複雜，在滿清貴族與漢官之間左右逢源，每到危急時刻，總有人站出來幫助他。因此，在朝廷權力數次轉換的過程中，他的地位始終得以保持。

紅頂商人胡雪巖曾說過：一個人的力量終究是有限的，就算有三頭六臂，又辦得了多少事？要成大事，全靠和衷共濟。他說他一無所有，有的只是朋友。一個能成大事的人，關鍵不在於他自身的能力有多強，而在於他是否能有效的借助旁人的力量。無論是哪一個行業，真正取得成功的人，未必都是這個行業裡最優秀的人，但他必然是能夠集合這個行業裡最優秀者力量的人。正因為懂得如何依靠他人的力量，才能夠將自己的事業與他人的力量緊密地結合在一起，將事業發展到最高峰。

人是最大的資源，不管做什麼事情，都離不開人這個主體。因此，做大事的人必須學會擴大自己的人脈關係網絡。被稱為「賺錢之神」的邱永漢說：「失去財產，仍有從頭再做生意的機會。失去朋友，就沒有第二次的機會了。」做大事的人並不一定在自己所做的事情上有超越眾人的能力，但必須有駕馭眾人為自己服務的能力。《水滸傳》裡的宋江，文不行、武不通，但他的手下，人才濟濟：論智謀，有智多星吳用和神機軍師朱武；論武功，更是各個英雄；論醫道，有神醫安道全……總而言之，各色的人才都有。在這些人的幫助下，整個梁山好不興旺，宋江才得以穩坐大哥的位置。宋江唯一有的就是江湖上給予的「呼保義及時雨宋公明」的名頭，而這個名頭正是讓眾多好漢心悅誠服的利器。

世界首富比爾．蓋茲經常被問道：「您是如何成為世界首富？」他每一次的回答都是：「因為我請了一群比我聰明的人來幫我工作。」所以說，一個人能否取得成功，並不在於自己的力量有多大，而取決於他有無可以依靠的人。即使你是一個平凡的不能再平凡的人，只要你能夠聚攏一批真正有能力的人一起做事，一樣可以取得成功。

不要排斥「攀關係」

成就事業的道路上總是困難重重，這些困難大多超越了我們的能力範圍。如果我們想要順利地解決這些困難，抵達成功的彼岸，就必須找到幾個能幫助我們度過難關的貴人。綜觀古今，但凡取得成功的人，無一不是得到貴人的幫助和支持才能突破難關，柳暗花明、豁然開朗，迎來人生的輝煌。

調查顯示，凡是做到中、高階以上的主管，有90％都受過栽培；至於做到總經理的，有80％遇到過貴人；自行創業當老闆的，竟然100％都曾被不同領域、不同身份的貴人提攜與扶助。這些人能夠得到貴人相助，並非僅僅是因為他們的運氣好，而是因為他們善於與貴人結交，積極主動地「攀關係」，故而能夠越眾人，得到青睞和扶助，並在最後取得成功。

當年比爾．蓋茲在短短的幾十年裡一躍就成為世界首富，除了本身的能力以外，更重要的是他結識了生命中的幾個貴人，這些人的幫助是他的事業得以迅速發展的最大動力。

比爾．蓋茲事業剛起步的時候，還是哈佛大學的一名學生。那個時候，他對電腦頗感興趣，但並沒有任何跡象顯示他能在這個行業裡出人頭地。這時，卻有一個人給了他機會——這個人就是IBM的董事長歐普。那個時候的IBM已經是業內巨人，比爾．蓋茲則通過媽媽認識了歐普。當歐普決定從事PC研發，需要作業系統支援時，就想到了他。當時的比爾．蓋茲只是一個無名小卒，攀上IBM這個巨人可謂邁向了成功的第一步。當時年僅二十歲的他帶著微軟與IBM簽約，獲得了第一筆業務大單，成功的讓微軟坐上了巨人的肩頭。

微軟的成功還與另外一人息息相關，這個人就是比爾．蓋茲的搭檔保羅．艾倫。保羅．艾倫擁有豐富的電腦知識，富有創造性。正是他的極力勸說，才讓蓋茲下定決心休學創業。微軟的成功源於其作業系統的成功，而作業系統的研發正是在保羅．艾倫的推動下完成的。對技術成痴的保羅．艾倫使得全新的BASIC語言最終得以出現。

除此之外，比爾．蓋茲還非常注意與那些商界的大亨們建立良好的關係。在一次社交晚宴上，比爾．蓋茲認識了當時的世界第二大富豪巴菲特，兩人惺惺相惜，從此結下深厚的友誼。後來，微軟公司陷入反壟斷案，比爾．蓋茲為此焦頭爛額。這個時候，也是巴菲特站出來為老朋友仗義執言。

由此可見，比爾．蓋茲的成功絕非單純的運氣所致，而是因為他非常注重結交貴人，借助貴人的幫助取得一次又一次成功。

對於個人來說，所謂的「貴人」就是在自己的職業發展或者是事業發展的過程中對自己有幫助的人。比如說，在職場中，我們的頂頭上司就有可能成為我們的貴人，因為他們的一句話就可以讓我們得到晉升；當然，這也不是絕對的，有時候更高一層的主管更能成為我們的貴人。所以，如果我們能夠辨識出貴人並且主動與之結交，我們離成功就不遠了。

現實社會中，有些人在看到別人得到貴人的提攜而取得成功的時候，往往會抱怨自己運氣不好，或是酸葡萄的嘲諷他人「拍馬屁」。事實上，我們並沒有抱怨的資格，因為每個人的生命中都會出現貴人，只是那些成功的人懂得去辨識、結交、並主動取得他們的協助，而另一些人卻只想坐著等待天上突然掉下機會──那正是他們失敗的原因。

貴人們所願意幫助的對象，也必定是那些有足夠能力的人；而那些懂得借貴人之力而成功的人，往往就懂得表現自己的能力。當他們取得貴人認可後，就得到一棵可以倚靠的「大樹」，進而實現自己的夢想。這正應了「大樹底下好乘涼」這句老話。

總而言之，無論我們打算從事什麼樣的行業，都應該主動與那些貴人結交。比如說，要進入電子產業，就必須設法與電子領域裡的領頭人物結交；要進入出版業，就必須認識出版界的精英。這些人都有著豐富的經驗和智慧，在他們的指點和提攜之下，我們的事業發展才能以更快的速度有效運轉。

找出潛藏在身旁的貴人

貴人的概念很明確，那就是能幫助我們的人。但結交貴人卻並不那麼簡單。很多時候，那些讓人可以一眼看出是貴人的人，對於一般人來說是可望而不可及，因為太多的人都希望能將他們引為貴人，故而競爭激烈。在這種情況下，我們必須學會挖掘那些潛伏的貴人。只要我們能與他們結交，必然會對我們的事業有所幫助。

潛伏的貴人並不招搖，也很難看出端倪。他們或許就是今早擦肩而過的行人、也許是公車上一同挨著肩膀擠公車的路人。這些在茫茫人海中曾經和我們有過一面之緣的人都可能是我們生命中的貴人。可是由於陌生，我們往往會失之交臂。陌生人隨處可見，幾乎所有的人都認為陌生人和自己毫不相干，然而潛藏的貴人就躲在這些陌生人當中。

一天下午，天空烏雲密佈，不一會就下起傾盆大雨，路上的行人紛紛躲進附近的店鋪。這個時候，一個腳步蹣跚的老婦人也走進一家百貨公司避雨。對此司空見慣的服務人員們渾不在意，只有一個叫菲利的年輕人走上前說：「夫人，我能為您做點什麼嗎？」老婦人笑笑說：「不用了，我躲一會雨就走。」

但雨持續的下著，似乎暫時沒有停止的跡象，這讓老婦人開始感覺不好意思了：不買人家的東西，卻只在這兒避雨，似乎有點說不過去？可是她確實沒什麼想買的東西，於是她只好在店裡胡亂逛了起來。菲利看了她的舉動，走過去對她說：「夫人，您不必為難，我給您搬一把椅子放在門口，您坐著休息就是了。」

兩個小時之後，雨終於停了。老婦人向菲利道謝後，跟他要了一張名片就離開了。幾個月後，百貨公司的經理詹姆斯收到一封信，信中要求將菲利派往蘇格蘭收取一份裝潢整個城堡的訂單，並讓他承包來信主人家族所屬的幾家公司於下一季中辦公用品的採購訂單。這一筆訂單相當於百貨公司兩年利潤的總和！

詹姆斯驚喜不已，立刻與對方取得了聯繫，原來對方竟然是美國億萬富翁「鋼鐵大王」卡內基的母親，也就是那天前來避雨的老婦人。詹姆斯馬上把菲利推薦到了公司的董事會上。而那一年，菲利才二十二歲。

隨後的幾年，他成為卡內基的左右臂膀，事業扶搖直上，成為美國鋼鐵行業僅次於卡內基的重量級人物。菲利利用一個善意的舉動換來了人生中的貴人，成就了自己的事業。

也許有人會認為這樣的機會純屬巧合，可遇而不可求。確實，這樣的機會並不常見，但這不意味著你就不可能遇到。陌生人當中有很多不可見的貴人，他們時時刻刻都在考驗著我們，關鍵就看我們的表現能否讓他們滿意。我們無法從陌生人當中獲得貴人青睞並不是我們運氣不好，而在於我們缺乏一顆寬容與友善的心，因此才會不懂得如何與陌生人交往。

很多時候，我們的眼睛被名利所蒙住，只看到那些高高在上的人，卻往往忽視了身邊的陌生人。這讓我們失去很多和陌生人結交的機會，也失去了很多貴人。所以，我們要改變對待陌生人的態度，通過自己的言談舉止，拉近與陌生人的距離。亞里斯多德就曾告誡世人：「對陌生人應該友好，因為每一次與陌生人相遇，都是一場戰爭。」通過改變對陌生人的態度，我們可以把更多的陌生人變為自己的朋友，而在這其中，有些人就可能成為我們的貴人。

潛藏的貴人不僅僅存在於陌生人之中，我們的身邊也存在著很多貴人。我們的同學、朋友，或許有些一文不名的人，但誰能保證他們在若干年後不會突然飛黃騰達起來？如果我們能時刻關心他們，在他們落魄時給予照顧，相對地，當他們一鳴驚人時我們也就能夠得到回報。

總而言之，要想得到貴人的幫助，我們就必須改變「嫌貧愛富」的態度，以平等的態度對待生活中的每一個人，與他們結下良好的關係。只有這樣，我們才能「普遍撒網」，網羅所有的人心。

往前站一點，學會成為目光焦點

那些我們渴望結識的人往往與我們有著相當的距離，因而我們很難接觸到對方，但這並不代表我們永遠都沒有機會。當機會到來的時候，我們一定要主動往前站，吸引人們的目光，把握住每一次與人結交的機會。

每個人或許都有這樣的心裡障礙：我們可以在很多場合侃侃而談，盡力的表現自己，可是一旦自己在乎的人出現，就會立刻想躲起來。一方面，我們非常希望對方能夠注意到自己；另一方面，卻又害怕自己表現不佳，無法得到對方的欣賞。在這種矛盾心理的作用下，我們常常最終選擇躲在角落裡，因此錯失了最佳的時機。

陳曉明是一名台大企管系的學生，一直很佩服一名白手起家的企業家，並希望能與之結交。這一天，正好系學會舉辦了一場講座，主講人正是那名企業家。曉明興奮不已，一大早就跑到會議廳等候。

當那名企業家到來的時候，曉明開始忐忑不安。在這種情緒的支配下，他慢慢地退到整個會議廳的最後面，甚至縮到了一個角落裡。企業家的演講很精彩，曉明聽得非常認真。當演講結束的時候，許多學生紛紛開始發問，曉明也有一肚子的問題想問，但直到企業家離開他也都沒能鼓起勇氣發問。

我們所想要結識的人往往有著比我們要高得多的地位，他們身上總是有一種光環存在，讓我們覺得對方無法親近。所以，我們越是渴望與對方結識，就越不敢在他們的面前表現自己。然而，如果我們換個角度來想，就知道這種心理是多麼愚不可及了。

正是因為這些人有著萬丈光芒，因此許多的人都會希望與他們結識。因此在一大群人之中，如果我們始終默默無聲，對方就完全不可能注意到我們。我們只有主動地站在最前面，才有可能吸引對方的注意。當對方把目光投向我們的時候，我們才能有機會展現自我並贏得青睞，進而成功與之結交。

讓人注意到自己的存在是結識貴人的第一步，沒有這個前提，我們永遠都不可能與對方建立關係。所以，無論在什麼時候，只要有對方在場的情況下，我們都應該積極主動地製造一種不一樣的感覺，讓自己能從眾人中脫穎而出，抓住對方的目光。

一名工人到美孚石油公司打工。為了吸引石油大王洛克斐勒的注意，他特意準備了一套與眾不同的工作服。當時，石油公司的所有工人的服裝都是藍色的，只有他的是紅色的。一天，當洛克斐勒前來視察時，一眼就發現了這個與眾不同的人。從此洛克斐勒開始關注起他，逐漸地發現他身上許多的優點。終於有一天，洛克斐勒主動找他去談話，並且將他升職。

想要結識一個人，你就必須先得到他的注意，並且讓他留下深刻的印象。對於那些高高在上的人來說，他們每天都要面對各式各樣的人，一般的普羅大眾很難引起他們的興趣；如果這個時候你還是躲在人群之中，不敢表現自己，你永遠都不可能給對方留下任何印象，也就不可能結識對方。只有當你把握機會、展現自己，才能獲得想要的青睞。

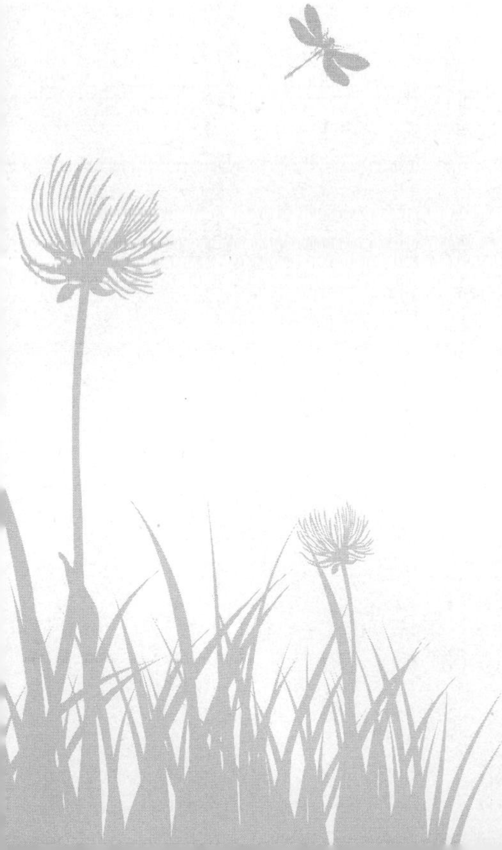

給別人機會，就是給自己機會

商人唯利是圖，這是亙古不變的。但在圖利的過程中，還要注意共享與合作的重要。如果你想把所有的利益都一人獨自占盡，那麼其結果必然會是失去夥伴、商機，並讓生意走向敗亡。所以，作為商人，一定不能只想著一人獨吞，否則最終可是會沒飯可吃。

賭王何鴻燊在談到成功經驗時說：「錢，千萬不要一個人獨吞，要讓別人也賺。」別人與你合作就是為了賺錢，如果所有的利益都被你一人獨得，合作就變得毫無意義。聰明的商人總是懂得與他人共享利益，生意的門路自然越做越寬，生意也就越做越大。

紅頂商人胡雪巖就是一個懂得分享利益的人，他總是照顧自己的合作夥伴，有時甚至不惜賠本。

胡雪巖第一次做生絲生意的時候，就是與洋人的一場大戰。在這場大戰中，他聯合了上海的生絲業巨頭龐二，同時入股的還有漕幫的首領尤五、洋行的買辦古應春、湖州的「戶書」郁四。這些人都是幫助他打贏這場戰爭的重要人物。

幾經波折和辛苦，胡雪巖成功地將生絲從浙江運到上海，轉手賣給洋人之後，賺了十八萬兩銀子。這筆生意看起來是賺了不少，但事實上並沒能賺錢，因為在這場「戰爭」中經歷了太多的困難，為了四處打點，早就花費了很多。但是，利潤在那裡放著，生意也做成了，該給別人的錢還是要給。

按照原來的約定，胡雪巖可以從這十八萬兩銀子中抽取一大筆。但是，胡雪巖經過計算之後發現，把這十八萬兩銀子分給所有參與的人，根本就不夠。在這種情況下，是堅持按照原來的分法，還是每個人都分呢？胡雪巖堅定地選擇了每個人都分。

等到胡雪巖把賺到的錢全部分下去之後，發現還少了一萬多兩銀子。他又從阜康錢莊裡拿出一萬多兩銀子，這才照顧到每一個人。這筆本來可以賺錢的生意，因為胡雪巖的慷慨而虧損了一萬多兩銀子。他認為，做生意不能只想著自己。這筆生意雖然做得艱難，但最終還是做成了，所有人的功勞都是很大的，把錢分給別人也是應該的。若是這一次為了自己的利益而不分錢給別人，下一次就沒有成事的可能了。

做生意其實就是在做人脈，因為任何生意都不是一個人可以完成的。在生意完成之後，所有的人都應該得到應得的回報。作為一個商人，如果在做成生意之後，就將曾經對自己有幫助的人都拋到腦後，必然會失去這些人的幫助，將來也不會再有合作的機會。作為商人，不僅要考慮生意的盈虧，更要考慮如何維護自己的人際關係——胡雪巖寧願虧本，也要維持自己好不容易建立起的人脈網路。事實證明，胡雪巖是正確的。在後來的生意中，這些人都給予了胡雪巖極大的幫助，為他提供了更多做生意的機會。

做生意就是要利益均霑，這樣才能與他人共生共榮。作為一個生意人，如果到處樹敵，那就等於自斷財路。所以，生意人不應該計較一時之盈虧，而應該著眼於長遠的未來，以維護良好的人際關係為主，打好自己的根基。只有這樣，生意才能越做越長久。

李嘉誠說過：「如果一單生意只有自己賺，而對方一點不賺，這樣的生意絕對不能幹。」李嘉誠在生意場上一直信守利益均霑的原則，每一次與人合作都會讓對方也獲得巨大的利潤。李嘉誠強調：「找生意做難，生意跑來找你就容易做。」只要你懂得分享利益，每一次與你合作的人都能獲得利益，他們自然還會繼續與你合作，你就會有做不完的生意。

一九八七年十一月二十七日，位於九龍灣的一塊政府公地要拍賣。因為其地理位置良好，開發價值極高，房地產界的多數大亨都參加了這塊地皮的拍賣，李嘉誠也出現在拍賣場上。

在拍賣會上，房地產界大哥級的人物全部參與競價，這塊地的價格也越炒越高。最終，李嘉誠以四．九五億港幣的天價取得這塊土地。拍賣會結束之後，李嘉誠立刻宣佈：「這塊地是我和胡應湘先生聯合所得，將用以發展大型國際商業展覽館。」

李嘉誠為了避免陷入惡性競爭，選擇了與胡應湘合作，共同開發這塊土地。雖然分給了對方一部分利益，但起碼不用與胡應湘正面為敵，進行競價。通過這種辦法，李嘉誠不僅將土地收入囊中，還與胡應湘化敵為友，為自己將來的發展留下了一條後路。

只有利益均霑，才能保持久遠的合作關係。如果光顧一己之利而無視對方的權益，那就只能做成一次買賣。自己斷了自己的人脈，又有誰還敢與你打交道呢？只有在做生意的過程中利人利己，才能擴大自己的社交圈，結識更多的朋友。在商場場上，多個朋友多條路，如此才能商機無限。

三個臭皮匠勝過一個諸葛亮

石油大王保羅．蓋帝曾經說過：「一個人永遠不要靠自己1人花100％的力量，而要靠100個人花每個人1％的力量。」這句話的意思是說，一個人的能力再強總也是有限的，即使把百分之一百的力量都用上了，也不足以做成所有的事情；但如果把這些事情由一百個人來做，每個人只要付出百分之一的努力，也比一個人付出百分之一百的努力要來的有用。因此，我們不僅應該要運用旁人的力量來協助自己，當我們在尋求助力或是廣納手下人才之時，質與量同樣重要。

俗語說：「三個臭皮匠勝過一個諸葛亮」，智者千慮，必有一失；一人難敵三人之智。先不說一般的人通常都只是高估了自己的能力，即使真的能力出眾，要獨立而完美的達成所有的事情，往往也是力有未逮。所以，我們不僅要尋求能力突出之人的協助，更要擴大交際範圍，獲得更多人的幫助。當然，精誠合作是最重要的一個前提，只有這樣，一百人的百分之一才能發揮出比一個人的百分之百更大的力量。

一家大型公司要招聘高層的管理人員，經過層層選拔，有九名應徵者脫穎而出，他們將參加公司舉辦的最後一輪複試。

複試是由公司總經理親自負責，他把這九個人分成甲、乙、丙三組，讓這三組成員分別去調查嬰兒用品市場、婦女用品市場和老年用品市場，並要求他們將調查結果寫成報告。這次的招聘並沒有註明要留下幾個人，所有成員之間都存在著競爭關係。這種合作性的考驗，正是檢驗他們合作能力的好辦法。

幾天以後，九個人都把市場分析報告交到了總經理那裡。看完後，他決定將丙組的三名成員全數留下。其他的人紛紛問了原因，總經理笑著說：「你們從秘書那裡領取的分析資料全都是不完整的，各只有三分之一的部分，唯有當同一組的三個人把資料都放在一起，分析內容才會完整呈現。從你們的分析報告中可以看出，只有丙組的三個人將資料彙整在一起，他們的市場分析報告是做得最好的。而甲、乙兩組的人卻是分別行事，拋開隊友，自己做自己的，這樣的人是難以做好事情的。」

一個人的能力總是有限的，哪怕用盡全力也不足以做出最好的成績；但如果是很多人一起做，每個人只要付出百分之一的力量，就足以完美達成工作標的。所以，當你是基層人員時，你應該學會與你的同事合作，才能有效完成任務；而當你是主管時，你就該懂得分散投資，多多培育人才，這樣才能打開你通往成功的道路。

「人多力量大」始終是不變的真理。我們在與人交際的時候，一定要持續地擴展我們的人脈。一旦我們需要幫助的時候，就可以迅速而有效的得到協助，安穩地度過難關。如果我們一生只結交一個朋友，當我們遇到困難時，即便他竭盡全力、兩肋插刀地提供協助，最後可能仍是無濟於事。

例如，我們需要一百萬作為公司的運轉資金，而唯一的朋友卻只有十萬，這時候即便他全貢獻了出來，最終仍是無濟於事；但如果我們有一百個朋友，即使每個人都只給我們一萬，這一百萬卻也輕鬆湊足了。由此可見，在事業發展的過程中，我們一定要不斷地擴大自己的人際交往圈，才能為我們的事業發展提供更大的保障。

大都會文化圖書目錄

●心靈特區系列

每一片刻都是重生	220 元	給大腦洗個澡	220 元
成功方與圓—改變一生的處世智慧	220 元	轉個彎路更寬	199 元
課本上學不到的 33 條人生經驗	149 元	絕對管用的 38 條職場致勝法則	149 元
從窮人進化到富人的 29 條處事智慧	149 元	成長三部曲	299 元
心態—成功的人就是和你不一樣	180 元	當成功遇見你—迎向陽光的信心與勇氣	180 元
改變，做對的事	180 元	智慧沙	199 元（原價 300 元）
課堂上學不到的 100 條人生經驗	199 元（原價 300 元）	不可不防的 13 種人（二版）	250 元
不可不知的職場叢林法則	199 元（原價 300 元）	打開心裡的門窗	200 元
不可不慎的面子問題	199 元（原價 300 元）	交心—別讓誤會成為拓展人脈的絆腳石	199 元
方圓道	199 元	12 天改變一生	199 元（原價 280 元）
氣度決定寬度	220 元	轉念—扭轉逆境的智慧	220 元
氣度決定寬度 2	220 元	逆轉勝—發現在逆境中成長的智慧	199 元
智慧沙 2	199 元	好心態，好自在	220 元
生活是一種態度	220 元	要做事，先做人	220 元
忍的智慧	220 元	交際是一種習慣	220 元
溝通—沒有解不開的結	220 元	愛の練習曲—與最親的人快樂相處	220 元
有一種財富叫智慧	199 元	幸福，從改變態度開始	220 元
菩提樹下的禮物—改變千萬人的生活智慧	250 元	有一種境界叫捨得	220 元
有一種財富叫智慧 2	199 元	被遺忘的快樂祕密	220 元
智慧沙【精華典藏版】	250 元	有一種智慧叫以退為進	220 元
有一種心態叫放下	220 元	有一種境界叫捨得 貳	220 元
有一種智慧叫以退為進 貳	220 元	改變別人不如掌控自己	220 元
有一種心態叫放下 貳	220 元	氣度決定一切	250 元
淡定	250 元	勇於叛逆：放下對完美的堅持，人生的道路將會更開闊	250 元

● SUCCESS 系列

七大狂銷戰略	220 元	打造一整年的好業績—店面經營的 72 堂課	220 元
超級記憶術—改變一生的學習方式	199 元	管理的鋼盔—商戰存活與突圍的 25 個必勝錦囊	200 元

搞什麼行銷—152 個商戰關鍵報告	220 元	精明人聰明人明白人— 態度決定你的成敗	200 元
人脈＝錢脈—改變一生的人際關係經營術	180 元	搜驚 · 搜精 · 搜金 — 從 Google 的致富傳奇中，你學到了什麼？	199 元
搶救貧窮大作戰の 48 條絕對法則	220 元	客人在哪裡？— 決定你業績倍增的關鍵細節	200 元
絕對中國製造的 58 個管理智慧	200 元	商戰奇謀 36 計—現代企業生存寶典 I	180 元
殺出紅海—漂亮勝出的 104 個商戰奇謀	220 元	商戰奇謀 36 計—現代企業生存寶典 II	180 元
巨賈定律—商戰奇謀 36 計	498 元	商戰奇謀 36 計—現代企業生存寶典 III	180 元
幸福家庭的理財計畫	250 元	創意決定優勢	180 元
有錢真好！輕鬆理財的 10 種態度	200 元	贏在關係—勇闖職場的人際關係經營術	180 元
我在華爾街的日子	220 元	你在說什麼？— 39 歲前一定要學會的 66 種溝通技巧	220 元
買單！一次就搞定的談判技巧	199 元 （原價 300 元）	職場 AQ —激化你的工作 DNA	220 元
與失敗有約 — 13 張讓你遠離成功的入場券	220 元	鏢局—現代企業的江湖式生存	220 元
智取—商場上一定要知道的 55 件事	220 元	勝出！—抓住富人的 58 個黃金錦囊	220 元
到中國開店正夯《餐飲休閒篇》	250 元	創造價值—讓自己升值的 13 個秘訣	220 元
搶賺人民幣的金雞母	250 元	超級記憶術（紀念版）	199 元
李嘉誠談做人做事做生意	220 元	把生意做大	220 元
執行力—現代企業的江湖式生存	220 元	好感力—辦公室 C 咖出頭天的生存術	220 元
李嘉誠再談做人做事做生意	220 元	人脈＝錢脈—改變一生的人際關係經營術 （平裝紀念版）	199 元
業務力—銷售天王 VS. 三天陣亡	220 元	選對人，做對事	220 元
活出競爭力—讓未來再發光的 4 堂課	220 元	借力—用人才創造錢財	220 元
先做人，後做事	220 元	先做人後做事 第二部	220 元
有機會成為 CEO 的員工—這八種除外！	220 元	李嘉誠談做人做事做生意 全集	280 元
老闆不會告訴你的事—有機會成為 CEO 的員工，這 8 種除外！	220 元	Boss 的微笑：縱橫商場不能說的祕密（上）	250 元
屁股管理學	250 元	細節，決定你 3 年後的成敗	250 元
你可以不加班！效率達人教你 3 小時輕鬆完成 8 小時工作	280 元		

●都會健康館系列

冬養生—二十四節氣養生經	220 元	春養生—二十四節氣養生經	220 元

夏養生一二十四節氣養生經	220 元	秋養生一二十四節氣養生經	220 元
春夏秋冬養生套書	699 元（原價 880 元）	寒天 — 0 卡路里的健康瘦身新主張	200 元
地中海纖體美人湯飲	220 元	居家急救百科	特價 399 元
病由心生— 365 天的健康生活方式	220 元	輕盈食尚—健康腸道的排毒食方	220 元
樂活，慢活，愛生活 — 健康原味生活 501 種方式	250 元	24 節氣養生食方	250 元
24 節氣養生藥方	250 元	元氣生活—日の舒暢活力	180 元
元氣生活—夜の平靜作息	180 元	自療—馬悅凌教你管好自己的健康	250 元
居家急救百科（平裝）	299 元	秋養生一二十四節氣養生經（二版）	220 元
冬養生一二十四節氣養生經（二版）	220 元	春養生一二十四節氣養生經（二版）	220 元
夏養生一二十四節氣養生經（二版）	220 元	遠離過敏—打造健康的居家環境	280 元
溫度決定生老病死	250 元	馬悅凌細說問診單	250 元
你的身體會說話	250 元	春夏秋冬養生—二十四節氣養生經（二版）	699 元
情緒決定你的健康— 無病無痛快樂活到 100 歲	250 元	逆轉時光變身書 — 8 週變美變瘦變年輕的健康祕訣	280 元
今天比昨天更健康： 良好生活作息的神奇力量	220 元	「察顏觀色」—— 從頭到腳你所不知道的健康警訊	250 元
24 節氣養生食方（彩色圖文版）	350 元	24 節氣養生藥方（彩色圖文版）	350 元
問病——馬悅凌細說問診單	280 元	健健康康活百歲—跟孫思邈學養生	250 元
健康存摺— 為你儲備健康指數的 501 個新主張	250 元	揭開你身體的秘密—女性自我檢測枕邊書	250 元
我的健康飲．我的美麗元氣	350 元	醫廚：在廚房裡遇到李時珍	350 元

●大旗藏史館

大清皇權遊戲	250 元	大清后妃傳奇	250 元
大清官宦沉浮	250 元	大清才子命運	250 元
開國大帝	220 元	圖說歷史故事—先秦	250 元
圖說歷史故事—秦漢魏晉南北朝	250 元	圖說歷史故事—隋唐五代兩宋	250 元
圖說歷史故事—元明清	250 元	中華歷代戰神	220 元
圖說歷史故事全集	880 元（原價 1000 元）	人類簡史—我們這三百萬年	280 元
世界十大傳奇帝王	280 元	中國十大傳奇帝王	280 元
歷史不忍細讀	250 元	歷史不忍細讀 II	250 元
中外 20 大傳奇帝王（全兩冊）	490 元	大清皇朝密史（全四冊）	1000 元
帝王秘事—你不知道的歷史真相	250 元	上帝之鞭— 成吉思汗、耶律大石、阿提拉的征戰帝國	280 元

百年前的巨變－ 晚清帝國崩潰的三十二個細節	250 元	說春秋之一：齊楚崛起	250 元
帝王秘事 貳—你不知道的歷史真相	250 元	說春秋之二：秦晉恩怨	250 元
歷史不忍細究	250 元	說春秋之三：晉楚爭雄	250 元
這才是晚清—帝國崩潰的十六個細節	250 元	說春秋之四：天下大亂	250 元
馬背上的王國	280 元	說春秋之五：吳越興亡	250 元
歷史不忍細究 貳	250 元	說春秋之六：聖賢本色	250 元
海魂－從鄭和的大航海時代到東瀛崛起	280 元	說春秋之七：孔子世家	250 元
中華民國在大陸的真相 1912-1937（上）	380 元	說春秋　全集	1750 元
中華民國在大陸的真相 1937-1949（下）	380 元	海魂 貳－ 從甲午戰爭到釣魚台的海權爭奪戰	280 元
中華民國在大陸的真相（全集）	598 元	慈禧太后和她身邊的男人們	280 元

● FORTH 系列

印度流浪記—滌盡塵俗的心之旅	220 元	胡同面孔— 古都北京的人文旅行地圖	280 元
尋訪失落的香格里拉	240 元	今天不飛—空姐的私旅圖	220 元
紐西蘭奇異國	200 元	從古都到香格里拉	399 元
馬力歐帶你瘋台灣	250 元	瑪杜莎艷遇鮮境	180 元
絕色絲路．千年風華	250 元	國境極南 太平島— 揭開台灣國土最南端的神祕面紗	280 元

●大都會手作館

樂活，從手作香皂開始	220 元	Home Spa & Bath — 玩美女人肌膚的水嫩體驗	250 元
愛犬的宅生活— 50 種私房手作雜貨	280 元	Candles 的異想世界— 不思議の手作蠟燭魔法書	280 元
愛犬的幸福教室— 四季創意手作 50 賞	280 元		

●世界風華館

環球國家地理．歐洲	250 元	環球國家地理．亞洲．大洋洲	250 元
環球國家地理．非洲．美洲．兩極	250 元	中國國家地理：華北．華東	250 元
中國國家地理：中南．西南	250 元	中國國家地理：東北．西北．港澳	250 元
中國最美的 96 個度假天堂	250 元	非去不可的 100 個旅遊勝地．世界篇	250 元

非去不可的 100 個旅遊勝地 · 中國篇	250 元	環球國家地理【全集】	660 元
中國國家地理【全集】	660 元	非去不可的 100 個旅遊勝地 (全二冊)	450 元
全球最美的地方—漫遊美國	250 元	全球最美的地方—驚豔歐洲	280 元
全球最美的地方—狂野非洲	280 元	世界最美的 50 個古堡	280 元
全球最美的地方【全三冊】	660 元	全球最美的 100 世外桃源	280 元
全球最美的人間天堂	280 元		

● STORY 系列

失聯的飛行員— 一封來自 30,000 英呎的信	220 元	Oh, My God! — 阿波羅的倫敦愛情故事	280 元
國家寶藏 1 —天國謎墓	199 元	國家寶藏 2 —天國謎墓 II	199 元
國家寶藏 3 —南海鬼谷	199 元	國家寶藏 4 —南海鬼谷 II	199 元
國家寶藏 5 —樓蘭奇宮	199 元	國家寶藏 6 —樓蘭奇宮 II	199 元
國家寶藏 7 —關中神陵	199 元	國家寶藏 8 —關中神陵 II	199 元
國球的眼淚	250 元	國家寶藏首部曲	398 元
國家寶藏二部曲	398 元	國家寶藏三部曲	398 元
國家寶藏四部曲	398 元	秦書	250 元
罪全書	250 元	與魔鬼交易	360 元
國家寶藏（全集）	1288 元		

◎關於買書：

1. 大都會文化的圖書在全國各書店及誠品、金石堂、何嘉仁、敦煌、紀伊國屋、諾貝爾等連鎖書店均有販售，如欲購買本公司出版品，建議你直接洽詢書店服務人員以節省您寶貴時間，如果書店已售完，請撥本公司各區經銷商服務專線洽詢。
   北部地區：(02)85124067　桃竹苗地區：(03)2128000
   中彰投地區：(04)22465179　雲嘉地區：(05)2354380
   臺南地區：(06)2672506-8　高屏地區：(07)2367015
2. 到以下各網路書店購買：
   大都會文化網站 (http://www.metrobook.com.tw)
   博客來網路書店 (http://www.books.com.tw)
   金石堂網路書店 (http://www.kingstone.com.tw)
3. 到郵局劃撥：
   戶名：大都會文化事業有限公司　帳號：14050529
   (訂購金額未滿 1000 元，請加計物流處理費 100 元)
4. 親赴大都會文化買書可享 8 折優惠。

腦袋微整型：讓努力獲得更大收益

作　　者　黃冠誠

發 行 人　林敬彬
主　　編　楊安瑜
責任編輯　陳亮均
助理編輯　黃亭維
內頁編排　蘇佳祥
封面設計　洪偉傑

出　　版　大都會文化事業有限公司　行政院新聞局北市業字第89號
發　　行　大都會文化事業有限公司
11051台北市信義區基隆路一段432號4樓之9
讀者服務專線：（02）27235216
讀者服務傳真：（02）27235220
電子郵件信箱：metro@ms21.hinet.net
網　　址：www.metrobook.com.tw

郵政劃撥　14050529 大都會文化事業有限公司
出版日期　2012年10月初版一刷
定　　價　250元
I S B N　978-986-6152-53-5
書　　號　Success058

大都會文化
METROPOLITAN CULTURE

國家圖書館出版品預行編目(CIP)資料

腦袋微整型：讓努力獲得更大收益 /黃冠誠著；
初版. -- 臺北市：大都會文化, 2012.10
224面；21×14.8公分

ISBN 978-986-6152-53-5（平裝）

1.時間管理　2.生活指導

177.2　　　101016245

大都會文化　讀者服務卡

書名：腦袋微整型—讓努力獲得更大收益

謝謝您選擇了這本書！期待您的支持與建議，讓我們能有更多聯繫與互動的機會。

A. 您在何時購得本書：______年______月______日

B. 您在何處購得本書：____________書店，位於____________(市、縣)

C. 您從哪裡得知本書的消息：

1.□書店　2.□報章雜誌　3.□電台活動　4.□網路資訊

5.□書籤宣傳品等　6.□親友介紹　7.□書評　8.□其他

D. 您購買本書的動機：（可複選）

1.□對主題或內容感興趣　2.□工作需要　3.□生活需要

4.□自我進修　5.□內容為流行熱門話題　6.□其他

E. 您最喜歡本書的：（可複選）

1.□內容題材　2.□字體大小　3.□翻譯文筆　4.□封面　5.□編排方式　6.□其他

F. 您認為本書的封面：1.□非常出色　2.□普通　3.□毫不起眼　4.□其他

G. 您認為本書的編排：1.□非常出色　2.□普通　3.□毫不起眼　4.□其他

H. 您通常以哪些方式購書：(可複選)

1.□逛書店　2.□書展　3.□劃撥郵購　4.□團體訂購　5.□網路購書　6.□其他

I. 您希望我們出版哪類書籍：（可複選）

1.□旅遊　2.□流行文化　3.□生活休閒　4.□美容保養　5.□散文小品

6.□科學新知　7.□藝術音樂　8.□致富理財　9.□工商企管　10.□科幻推理

11.□史地類　12.□勵志傳記　13.□電影小說　14.□語言學習（_____語）

15.□幽默諧趣　16.□其他

J. 您對本書(系)的建議：

K. 您對本出版社的建議：

讀者小檔案

姓名：______________ 性別：□男　□女　生日：____年____月____日

年齡：□20歲以下 □21～30歲 □31～40歲 □41～50歲 □51歲以上

職業：1.□學生 2.□軍公教 3.□大眾傳播 4.□服務業 5.□金融業 6.□製造業

7.□資訊業 8.□自由業 9.□家管 10.□退休 11.□其他

學歷：□國小或以下 □國中 □高中／高職 □大學／大專 □研究所以上

通訊地址：________________________________

電話：（H）______________（O）______________ 傳真：______________

行動電話：______________ E-Mail：______________________

◎謝謝您購買本書，也歡迎您加入我們的會員，請上大都會文化網站 www.metrobook.com.tw 登錄您的資料。您將不定期收到最新圖書優惠資訊和電子報。

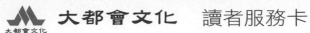

Small Change

讓努力
腦袋微整型 獲得
更大收益

Big Difference

北區郵政管理局
登記證北台字第9125號
免 貼 郵 票

大都會文化事業有限公司
讀 者 服 務 部 收
11051台北市基隆路一段432號4樓之9

寄回這張服務卡〔免貼郵票〕
您可以：
◎不定期收到最新出版訊息
◎參加各項回饋優惠活動

大都會文化
METROPOLITAN CULTURE

大都會文化
METROPOLITAN CULTURE

大都會文化
METROPOLITAN CULTURE